Wege finden

Praktische Philosophie in der Grundschule
1./2. Jahrgangsstufe

Autorin:
Britta Seepe-Smit

Beratung:
Ina Fahsel
Daniela Hertel

Ernst Klett Verlag
Stuttgart · Leipzig · Dortmund

So lernst du mit „Wege finden“:

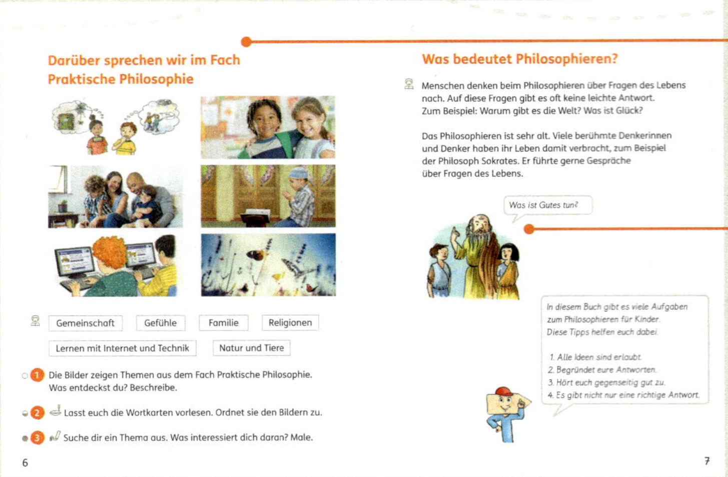

Darüber sprechen wir im Fach Praktische Philosophie

Gemeinschaft | Gefühle | Familie | Religionen | Lernen mit Internet und Technik | Natur und Tiere

1 Die Bilder zeigen Themen aus dem Fach Praktische Philosophie. Was entdeckst du? Beschreibe.

2 Lasst euch die Wortkarten vorlesen. Ordnet sie den Bildern zu.

3 Suche dir ein Thema aus. Was interessiert dich daran? Male.

6

Was bedeutet Philosophieren?

Menschen denken beim Philosophieren über Fragen des Lebens nach. Auf diese Fragen gibt es oft keine leichte Antwort. Zum Beispiel: Warum gibt es die Welt? Was ist Glück?

Das Philosophieren ist sehr alt. Viele berühmte Denkerinnen und Denker haben ihr Leben damit verbracht, zum Beispiel der Philosoph Sokrates. Er führte gerne Gespräche über Fragen des Lebens.

7

Darüber sprechen wir im Fach Praktische Philosophie

Diese Doppelseite stellt vor, worum es geht.

Philosophieren über die Themen des Alltags – das kann jedes Kind und ist in diesem Werk besonders wichtig.

1 Ich und du

Das mache ich gerne

turnen und bewegen

singen

auf den Spielplatz gehen

am Tablet spielen

1 Betrachte die Bilder. Was machst du gern und was nicht? Sprecht darüber und begründet.

2 Führe deine Lieblingsbeschäftigung als **Pantomime** vor. → S. 93

3 Erzähle noch mehr von dir: Was ist typisch für dich? Wie siehst du aus (Größe, Augenfarbe, Haarfarbe)?

→ 1.1 Medienausstattung

8

Ich bin kleingroß

Nina war ein kleines Mädchen. Aber sie wollte kein kleines Mädchen sein. „Also bist du ein großes Mädchen?“, fragten die Leute. „Auch nicht“, sagte Nina. „Ich bin beides: Ich bin kleingroß.“

Für Nina war die Sache ganz einfach. Klein war sie immer, wenn sie etwas sollte, worauf sie gar keine Lust hatte. Zum Beispiel, wenn die Mutter sagte: „Aber Nina! Wie sieht deine Spielecke wieder aus? Du bist schon so ein großes Mädchen und immer noch so unordentlich. Jetzt räum aber ganz schnell auf.“ „Du lieber Himmel“, seufzte Nina dann. „Für Aufräumen bin ich noch viel zu klein.“

Gab es zum Mittagessen aber Kartoffelsuppe mit Würstchen, lag der Fall gerade umgekehrt. Nina guckte in alle Teller und sagte dann empört: „Ich krieg nur zwei, wo ich schon so groß bin?“ Denn Würstchen aß sie für ihr Leben gern.

Marieluise Bernhard-von Luttitz

1 Wann möchte Nina klein sein und wann lieber groß? Erkläre.

2 Wann möchtest du klein sein, wann lieber groß? Male.

3 Kann ein kleiner Mensch auch mal der Größte sein?

9

Einstiegsseiten

führen in das Thema ein und laden zum Sprechen und Erzählen ein.

Die Aufgaben bieten Hilfen für das Formulieren von Sätzen – der Wegweiser Findikus unterstützt dabei.

Sprache entdecken

Meine starken Eigenschaften

mutig | hilfsbereit | vorsichtig

selbstbewusst (→ S. 92) | ehrlich | einfallsreich

neugierig | lustig | fair

1 Welche starken **Eigenschaften** treffen auf dich zu? Erzähle in ganzen Sätzen und begründe. → S. 91

2 Welche starke Eigenschaft ist dir besonders wichtig? Erkläre.

16

Deine starken Eigenschaften

3 Wirf einem anderen Kind im Stuhlkreis ein Wollknäuel zu. Sag ihm, welche Eigenschaft du an ihm magst. Macht so weiter, bis alle Kinder das Wollknäuel hatten. So entsteht ein Netz aus euren starken Eigenschaften.

17

Sprache entdecken

Die gelben Seiten in diesem Buch sind Sprachförderseiten.

Gespräche üben, über sich erzählen, andere schätzen, sich in ganzen Sätzen ausdrücken und dafür die passenden Wörter finden – darum geht es hier.

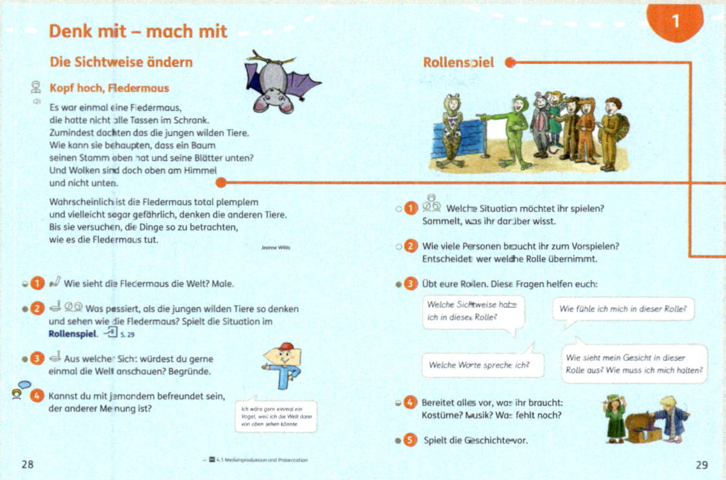
Denk mit – mach mit

Die Sichtweise ändern

Kopf hoch, Fledermaus

Es war einmal eine Fledermaus,
die hatte nicht alle Tassen im Schrank.
Zumindest dachten das die jungen wilden Tiere.
Wie kann sie behaupten, dass ein Baum
seinen Stamm oben hat und seine Blätter unten?
Und Wolken sind doch oben am Himmel
und nicht unten.

Wahrscheinlich ist die Fledermaus total plemplem
und vielleicht sogar gefährlich, denken die anderen Tiere.
Bis sie versuchen, die Dinge so zu betrachten,
wie es die Fledermaus tut.

Jeanne Willis

1. Wie sieht die Fledermaus die Welt? Male.
2. Was passiert, als die jungen wilden Tiere so denken und sehen wie die Fledermaus? Spielt die Situation im **Rollenspiel**. S. 29
3. Aus welcher Sicht würdest du gerne einmal die Welt anschauen? Begründe.
4. Kannst du mit jemandem befreundet sein, der anderer Meinung ist?

Ich wäre gern einmal ein Vogel, weil ich die Welt dann von oben sehen könnte.

28

→ 4.1 Medienproduktion und Präsentation

1

Rollenspiel

1. Welche Situation möchtet ihr spielen? Sammelt, was ihr darüber wisst.
2. Wie viele Personen braucht ihr zum Vorspielen? Entscheidet, wer welche Rolle übernimmt.
3. Übt eure Rollen. Diese Fragen helfen euch:

Welche Sichtweise habe ich in dieser Rolle?
Wie fühle ich mich in dieser Rolle?
Welche Worte spreche ich?
Wie sieht mein Gesicht in dieser Rolle aus? Wie muss ich mich halten?

4. Bereitet alles vor, was ihr braucht: Kostüme? Musik? Was fehlt noch?
5. Spielt die Geschichte vor.

29

Denk mit – mach mit

Eine Vorlesegeschichte hilft dabei, wichtige Fähigkeiten für das Philosophieren spielerisch zu üben.

Die richtigen Arbeitsformen und Methoden sind der Schlüssel zu den Themen des Faches.
Sie werden hier Schritt für Schritt erklärt.

Das **Glossar** mit wichtigen Begriffen im Anhang hilft dabei, wichtige Begriffe zu verstehen und zu behalten.

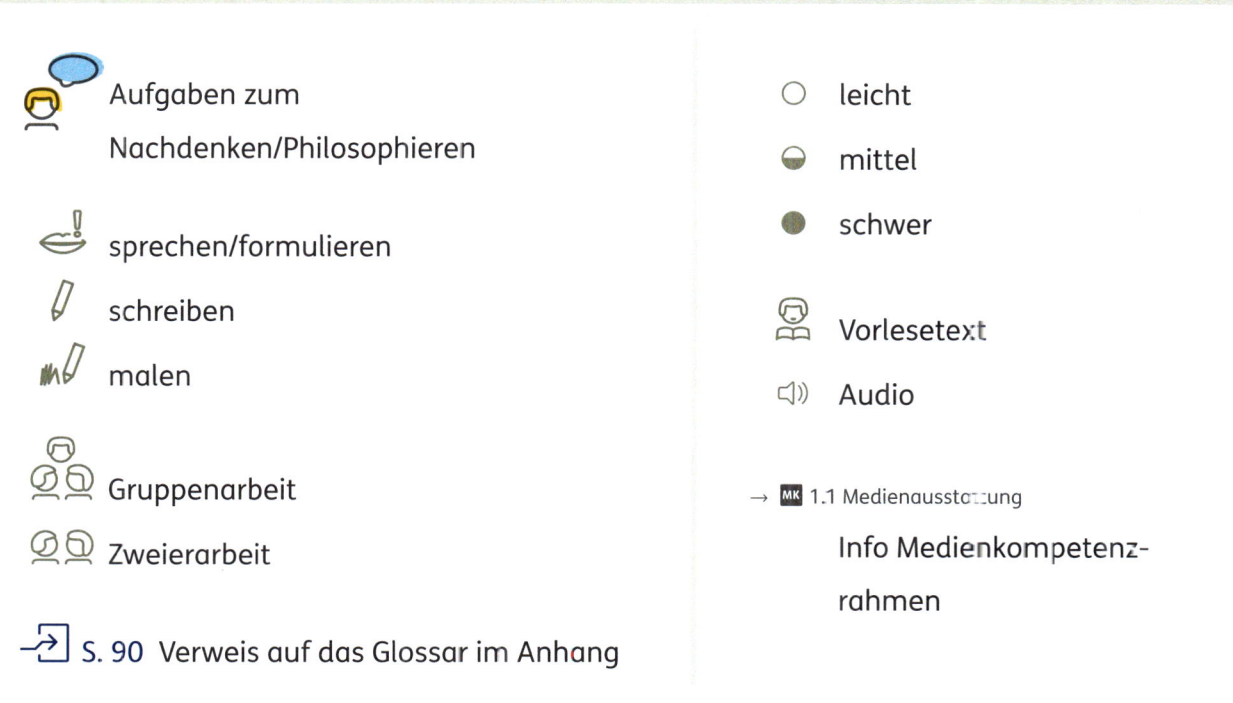

Hallo, ich bin Findikus!
Ich gebe euch Tipps und helfe euch bei den Aufgaben.

Symbole und Medien

- Aufgaben zum Nachdenken/Philosophieren
- sprechen/formulieren
- schreiben
- malen
- Gruppenarbeit
- Zweierarbeit
- S. 90 Verweis auf das Glossar im Anhang

- ○ leicht
- ◒ mittel
- ● schwer
- Vorlesetext
- Audio
- → MK 1.1 Medienausstattung
  Info Medienkompetenzrahmen

Inhalt

3 Meine Umwelt und ich

4 Dem Leben begegnen

Darüber sprechen wir im Fach Praktische Philosophie

Gemeinschaft | Gefühle | Familie | Religionen

Lernen mit Internet und Technik | Natur und Tiere

1 Die Bilder zeigen Themen aus dem Fach Praktische Philosophie. Was entdeckst du? Beschreibe.

2 Lasst euch die Wortkarten vorlesen. Ordnet sie den Bildern zu.

3 Suche dir ein Thema aus. Was interessiert dich daran? Male.

Was bedeutet Philosophieren?

Menschen denken beim Philosophieren über Fragen des Lebens nach. Auf diese Fragen gibt es oft keine leichte Antwort. Zum Beispiel: Warum gibt es die Welt? Was ist Glück?

Das Philosophieren ist sehr alt. Viele berühmte Denkerinnen und Denker haben ihr Leben damit verbracht, zum Beispiel der Philosoph Sokrates. Er führte gerne Gespräche über Fragen des Lebens.

In diesem Buch gibt es viele Aufgaben zum Philosophieren für Kinder. Diese Tipps helfen euch dabei:

1. *Alle Ideen sind erlaubt.*
2. *Begründet eure Antworten.*
3. *Hört euch gegenseitig gut zu.*
4. *Es gibt nicht nur eine richtige Antwort.*

1 Ich und du

Das mache ich gerne

turnen und bewegen

singen

auf den Spielplatz gehen

am Tablet spielen

Ich spiele gerne mit Bausteinen, weil ich damit große Türme bauen kann.

○ **1** Betrachte die Bilder. Was machst du gern und was nicht? Sprecht darüber und begründet.

◒ **2** Führe deine Lieblingsbeschäftigung als **Pantomime** vor. → S. 93

◒ **3** Erzähle noch mehr von dir: Was ist typisch für dich? Wie siehst du aus (Größe, Augenfarbe, Haarfarbe)?

→ MK 1.1 Medienausstattung

Ich bin kleingroß

Nina war ein kleines Mädchen. Aber sie wollte kein kleines Mädchen sein. „Also bist du ein großes Mädchen?“, fragten die Leute. „Auch nicht“, sagte Nina. „Ich bin beides: Ich bin kleingroß.“

Für Nina war die Sache ganz einfach. Klein war sie immer, wenn sie etwas sollte, worauf sie gar keine Lust hatte. Zum Beispiel, wenn die Mutter sagte: „Aber Nina! Wie sieht deine Spielecke wieder aus? Du bist schon so ein großes Mädchen und immer noch so unordentlich. Jetzt räum aber ganz schnell auf.“ „Du lieber Himmel“, seufzte Nina dann. „Für Aufräumen bin ich noch viel zu klein.“

Gab es zum Mittagessen aber Kartoffelsuppe mit Würstchen, lag der Fall gerade umgekehrt. Nina guckte in alle Teller und sagte dann empört: „Ich krieg nur zwei, wo ich schon so groß bin?“ Denn Würstchen aß sie für ihr Leben gern.

Marieluise Bernhard-von Luttitz

1 Wann möchte Nina klein sein und wann lieber groß? Erkläre.

2 Wann möchtest du klein sein, wann lieber groß? Male.

3 Kann ein kleiner Mensch auch mal der Größte sein?

Dazugehören

He Duda

He Duda wusste nicht, was er war.

„Bin ich ein Affe?“, dachte er.
„Bin ich ein Koala-Bär?“
„Bin ich ein Stachelschwein?“

He Duda wusste nicht,
warum er so große Füße hatte.

„Vielleicht zum Wasserskifahren?“,
dachte er.

„Vielleicht als Sitz für Mäuse?“

„Vielleicht als Regenschutz?“

He Duda sah die Vögel im Baum
und beschloss, auf einem Baum zu wohnen.

He Duda sah, dass die Eichhörnchen Eicheln aßen
und beschloss, Eicheln zu essen.

Aber warum er so große Füße hatte,
wusste er immer noch nicht.

Jon Blake (Übersetzung: Salah Naoura)

1 He Duda weiß nicht, was er ist und wohin er gehört.
Sammelt Ideen, wie He Duda das herausfinden kann.

2 Ist es wichtig, zu wem ein Mensch gehört?

3 **Erzählt oder spielt vor**, wie die Geschichte ausgehen könnte. S. 29

4 Was machst du gern mit vertrauten Menschen? Male ein Bild.

Unsere Hände

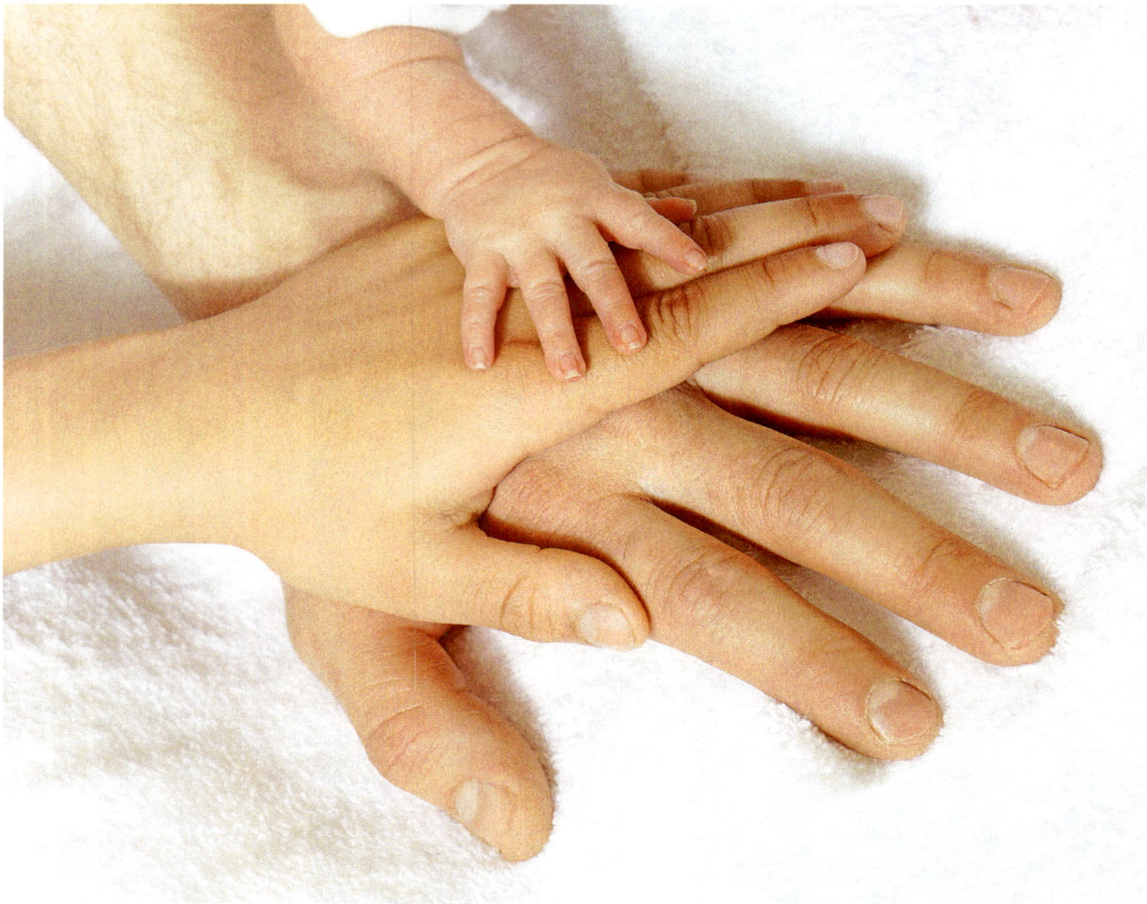

○ **1** Wem gehören die Hände auf dem Bild? Begründe deine Vermutung.

○ **2** Lege deine Hand auf ein Papier. Umfahrt gegenseitig die Umrisse eurer Hände mit einem Buntstift.

◒ **3** Vergleicht eure Hände. Was ist gleich, was ist verschieden?

● **4** Lasst eure Hände erzählen, was sie alles können und tun.

Ich bin Maxis rechte Hand und kann ...
Ich helfe gerne ...

Gefühle zeigen

Das Wort Emoji wird so ausgesprochen: Emoodschi.

Ein Smiley oder Emoji ist ein kleines Bild, das Gefühle ausdrückt. Du kannst Freunden mit dem Handy oder Computer Smileys schicken. So kannst du zeigen, wie du dich fühlst. Mit Emojis werden kurze Nachrichten verständlicher.

glücklich	unglücklich	wütend	erstaunt
lachen	weinen	verliebt	müde

1 Welche Gefühle und Ausdrücke zeigen die Smileys? Ordne zu und schreibe auf.

2 Suche dir ein Gefühl aus. Woher kennst du es? Erzähle.

3 Erfinde ein eigenes Emoji und male es auf.

4 Sind Gefühle ansteckend?

→ MK 1.2 Digitale Werkzeuge, 3.1 Kommunikations- und Kooperationsprozesse

Ängstlich sein

1 Was macht den Kindern Angst? Wie fühlt sich das an? Sprecht darüber.

Nur Feiglinge haben Angst.

Angst zeigt mir, was ich noch nicht kann.

Angst schützt mich vor Gefahren.

Meine Angst darf ich nicht zeigen.

Wenn ich Angst habe, bin ich besonders stark.

2 Sprecht über diese Aussagen. Welche sind für euch richtig? Begründet.

3 Gegen Angst könnt ihr etwas tun. Schreibt eure besten Tipps gegen Angst auf.

Mutig oder übermütig?

Mein Fehler!

Ich habe Angst.

1 Was ist mutig? Was ist übermütig? Sprecht über die Bilder.

2 Passen diese Wörter besser zu MUT oder zu ÜBERMUT? Sortiert gemeinsam.

| leichtsinnig | tapfer | verrückt |
| klug | neugierig | heldenhaft |

3 Wie geht der Satz für euch weiter? Sprecht darüber.

Mut ist für mich, wenn …

Sprache entdecken

Meine starken Eigenschaften

mutig

hilfsbereit

vorsichtig

S. 92 **selbstbewusst**

ehrlich

einfallsreich

BÜCHEREI

neugierig

lustig

fair

Ich bin einfallsreich, denn ich habe immer neue Spielideen.

1 Welche starken **Eigenschaften** treffen auf dich zu? Erzähle in ganzen Sätzen und begründe. S. 91

2 Welche starke Eigenschaft ist dir besonders wichtig? Erkläre.

Deine starken Eigenschaften

3 Wirf einem anderen Kind im Stuhlkreis ein Wollknäuel zu.
Sag ihm, welche Eigenschaft du an ihm magst.
Macht so weiter, bis alle Kinder das Wollknäuel hatten.
So entsteht ein Netz aus euren starken Eigenschaften.

Zusammen stark sein

Die Bremer Stadtmusikanten

1 Erzähle das Märchen von den Bremer Stadtmusikanten.

2 Mit welchen Fähigkeiten haben die Tiere die Räuber verjagt? Erkläre.

3 Was hat die Bremer Stadtmusikanten besonders stark gemacht? Sammelt Ideen in der Gruppe.

Das kann ich gut

1 Es gibt verschiedene Stärken und Fähigkeiten. Was kannst du besonders gut? Erzähle darüber oder führe es vor.

2 Male auf, was du gut kannst.
Du kannst dich dabei auch fotografieren lassen.

3 Wäre es gut, immer der Beste oder die Beste zu sein?

→ MK 1.1 Medienausstattung, 4.1 Medienproduktion und Präsentation

Lernen macht Spaß

1 Was lernen die Kinder auf den Bildern? Beschreibe.

2 In der Schule habt ihr schon viel gelernt. Sprecht darüber.

3 Was möchtest du unbedingt noch lernen?
Was musst du dafür tun? Male und erzähle.

4 Gibt es ein Alter, in dem Menschen nichts mehr lernen?

→ MK 1.2 Digitale Werkzeuge

Jeder Mensch braucht einmal Hilfe

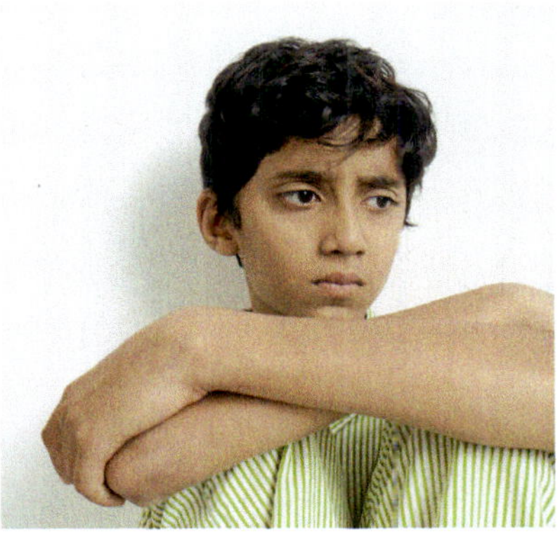

Ich verstehe die Aufgabe nicht.

Das lerne ich nie!

Ich habe keine Lust mehr!

Ich fühle mich ratlos.

1 Ordne die Sätze den passenden Bildern zu. Begründe deine Entscheidungen.

Das Kind mit den verschränkten Armen sieht verzweifelt aus. Zu ihm passt deshalb: „Ich fühle mich ratlos.“

2 Wann brauchst du Hilfe? Erzähle.

3 Überlegt euch Situationen, in denen ein Kind dem anderen hilft. Spielt sie im **Rollenspiel** nach. Tauscht auch die Rollen. → S. 29

4 Wie fühlt sich Helfen an? Sprecht darüber.

Verschiedene Freundschaften

1 Welche Freundschaften erkennst du in den Bildern? Erkläre.

2 Kennst du weitere Freundschaften? Erzähle.

3 Wie ist eine gute Freundin oder ein guter Freund für dich? Beschreibe.

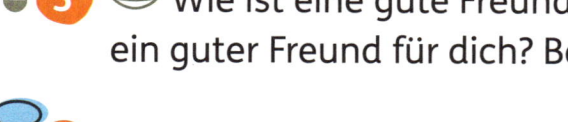

Ein guter Freund spielt mit mir Fußball, so oft es geht.

4 Braucht jeder Mensch einen Freund oder eine Freundin?

Zusammenspiel

○ **1** Was könnt ihr gut zu zweit spielen, was nicht? Begründet.

◒ **2** Wie kann hier ein Streit entstehen? Überlegt gemeinsam.

● **3** Findet drei passende Regeln zu jedem Bild.
Begründet, warum sie für euch wichtig sind.

4 Hält eine Freundschaft jeden Streit aus?

Sprache entdecken

Streiten und vertragen

1 Schau dir die Bildergeschichte an. Was ist passiert? Erzähle.
Die Karten helfen dir.

Anna und Nina	Reifen	spielen	beide	streiten	
wütend	schreien	zerren	Ali	helfen	Idee

A

B

C

D

2 Wie könnte die Geschichte von Seite 24 enden?
Wähle eine Lösung aus. Begründe.

3 Welche Lösung gefällt dir am besten? Begründe.
Die Karten helfen dir.

Mir gefällt die Lösung B am besten, weil …

Für mich ist C die beste Lösung, weil …

→ MK 1.2 Digitale Werkzeuge, 4.1 Medienproduktion und Präsentation

25

Wünsche

Stell dir vor: Eine kleine Fee
landet auf deinem Bett.
Du hast drei Wünsche frei! Hurra!

○ 1 Welche Wünsche hast du? Male sie auf.

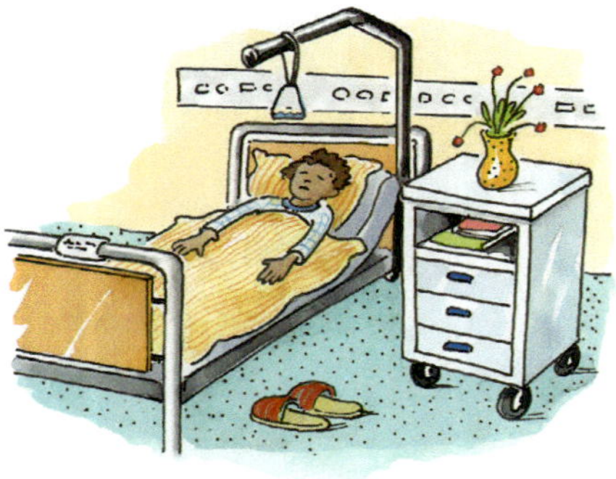

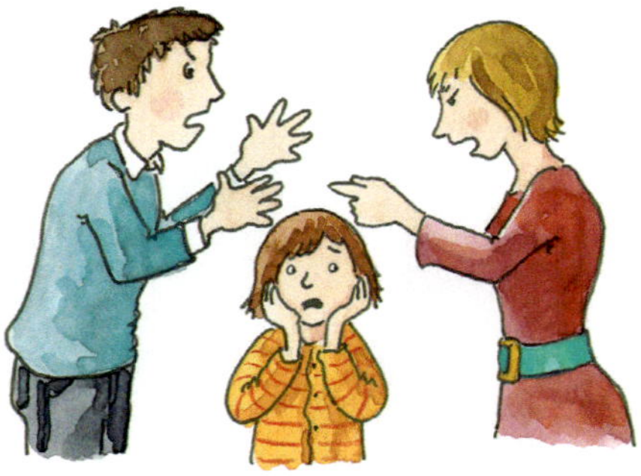

◒ 2 Was ist mit den Kindern auf diesen Bildern los? Beschreibe.

◒ 3 Welche Wünsche haben die Kinder? Überlegt gemeinsam.

● 4 Welche Wünsche findet ihr wichtig? Begründet.

● 5 Sortiert die Wünsche danach, ob sie schwer
oder leicht zu erfüllen sind.

Ganz schön viel zu tun für so eine kleine Fee! Sie braucht Hilfe.

gute Ärztinnen und Ärzte

Hilfe von den Eltern

jemand, der einem zuhört

üben

Zeit

Glück haben

mehr Geduld haben

Taschen-geld

?

6 Was hilft dabei, die Wünsche auch ohne Fee zu erfüllen? Sprecht über die Sterne.

7 Überlege dir einen Wunsch, den du dir selbst erfüllen kannst. Was musst du dafür tun?

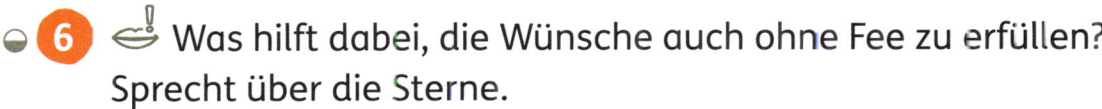

Bei Streit hilft jemand, der einem zuhört.

Denk mit – mach mit

Die Sichtweise ändern

Kopf hoch, Fledermaus

Es war einmal eine Fledermaus,
die hatte nicht alle Tassen im Schrank.
Zumindest dachten das die jungen wilden Tiere.
Wie kann sie behaupten, dass ein Baum
seinen Stamm oben hat und seine Blätter unten?
Und Wolken sind doch oben am Himmel
und nicht unten.

Wahrscheinlich ist die Fledermaus total plemplem
und vielleicht sogar gefährlich, denken die anderen Tiere.
Bis sie versuchen, die Dinge so zu betrachten,
wie es die Fledermaus tut.

Jeanne Willis

1. Wie sieht die Fledermaus die Welt? Male.

2. Was passiert, als die jungen wilden Tiere so denken und sehen wie die Fledermaus? Spielt die Situation im **Rollenspiel**. → S. 29

3. Aus welcher Sicht würdest du gerne einmal die Welt anschauen? Begründe.

4. Kannst du mit jemandem befreundet sein, der anderer Meinung ist?

Rollenspiel

1 Welche Situation möchtet ihr spielen? Sammelt, was ihr darüber wisst.

2 Wie viele Personen braucht ihr zum Vorspielen? Entscheidet, wer welche Rolle übernimmt.

3 Übt eure Rollen. Diese Fragen helfen euch:

Welche Sichtweise habe ich in dieser Rolle?

Wie fühle ich mich in dieser Rolle?

Welche Worte spreche ich?

Wie sieht mein Gesicht in dieser Rolle aus? Wie muss ich mich halten?

4 Bereitet alles vor, was ihr braucht: Kostüme? Musik? Was fehlt noch?

5 Spielt die Geschichte vor.

2 Miteinander

Familien sind verschieden

1 Macht eine **Blitzlichtrunde** zum Thema Familie. → S. 49

2 Welche Arten von Familien erkennt ihr auf den Bildern? Sprecht darüber.

3 Welche Familien gibt es noch? Sammelt Gemeinsamkeiten und Unterschiede. Malt sie auf.

Zu Hause sein

Wir essen oft ...

Ich spiele zu Hause am liebsten mit ...

Mein Lieblingsplatz zu Hause ist ...

Wir haben als Haustier ...

Am schönsten ist es bei uns, wenn wir ...

Bei uns riecht es oft nach ...

1 Erzähle etwas von zu Hause. Die Sätze helfen dir.

Mein Lieblingsplatz zu Hause ist die Küche, dort helfe ich beim Kochen.

2 Wo fühlt sich der Bär **geborgen**? Begründe. S. 91

3 Wo fühlst du dich geborgen? Beschreibe.

4 Gibt es gute und schlechte Familien?

Meine Familie und ich

Ich möchte mit dir spielen.

Das möchte ich auch gerne machen.

Hilfst du mir bitte?

Das ist mir zu laut!

○ 1 Ordne die Sprechblasen den passenden Bildern zu.

◒ 2 Wer ist hier zufrieden und wer nicht? Begründe.

● 3 **Spielt** eine Familie, die einen Ausflug plant.
Alle haben verschiedene Wünsche. S. 29

4 Können in der Familie alle Wünsche erfüllt werden?

→ MK 1.1 Medienausstattung , 5.4 Selbstregulierte Mediennutzung

Familie – eine Gemeinschaft?

Ich helfe bei uns manchmal dabei, die Wäsche aufzuhängen.

○ **1** Suche ein Bild aus. Wer übernimmt die Aufgabe bei euch oder hilft dabei? Erzähle.

○ **2** Bei welchen Aufgaben kannst du schon mithelfen? Begründe.

◒ **3** Stell dir vor, alle Aufgaben wären in der Familie gerecht verteilt. Male ein Bild dazu.

Gedanken über die Eltern

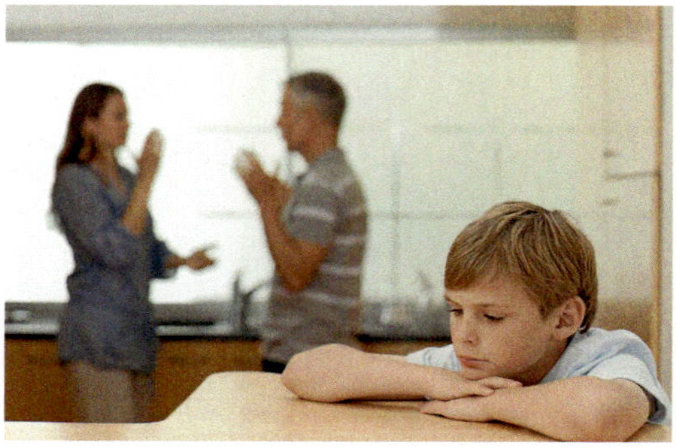

Meine lieben Eltern streiten
oft den ganzen Tag.
Ob beim Essenzubereiten,
Sonntagsausflug, Hausarbeiten –
meine lieben Eltern streiten,
was ich gar nicht mag.

Ich steh hilflos nur daneben,
wünsch mich weit, weit fort.
Möchte, dass sie die Hand sich geben,
sich versöhnen, friedlich leben,
und steh hilflos nur daneben,
bring kein Wort heraus.

Wenn mich and're Leute fragen,
sag ich: „Mir geht's gut!"
Möchte lieber die Wahrheit sagen,
meinen Kummer jemand klagen,
wenn mich and're Leute fragen.
Doch mir fehlt der Mut. (...)

Gerda Anger-Schmidt

1 Was mag das Kind nicht? Erkläre.

2 Was wünscht sich das Kind?
Wähle einen Satzanfang und beschreibe.

Das Kind wünscht sich ...	Das Kind möchte gern ...
Das Kind sehnt sich nach ...	

3 Wie fühlt sich das Kind? Male ein Bild.

Hilfen für Kinder

Streit und Probleme gibt es in jeder Familie.
Wenn ein Kind aber zu Hause sehr viel Angst hat
und dort keinem vertraut, kann es sich Hilfe suchen.

Die Nummer gegen Kummer für Kinder ist: 116111

In einen Laden mit Notinsel-Zeichen kann ein Kind hineingehen.
Dort ist es sicher und bekommt Hilfe.
Bei der Nummer gegen Kummer können Kinder anrufen
und von ihren Problemen erzählen.
Sie müssen ihren Namen nicht sagen.

1. Erkläre, was der Aufkleber bedeutet.
2. Wo kann ein Kind noch Hilfe suchen? Sammelt Ideen.
3. Ist es immer einfach, Hilfe zu finden?

Sprache entdecken

Höflichkeit

Höflichkeit hilft uns dabei, gut miteinander auszukommen. Wenn alle freundlich sind und Rücksicht aufeinander nehmen, entsteht kein Streit.

1 ***Guten Morgen.*** ***Wie geht es dir?***

2 ***Guten Morgen.*** *Ich bin traurig, mein Lieblingsstift ist weg.*

3 *Oh,* ***Entschuldigung****, ich habe ihn aus Versehen eingepackt. Hier hast du ihn zurück.*

4 ***Danke!*** *Toll, er ist wieder da. Jetzt geht es mir besser.* ***Wie geht es dir*** *heute?*

5 *Ich fühle mich blöd, ich habe Mathe nicht verstanden. Kannst du mir* ***bitte*** *helfen?*

6 ***Gerne****, ich helfe dir. Komm, zeig mal her.*

○ **1** Lest den Dialog.
Die fett markierten Wörter sind „Zauberwörter“ der Höflichkeit.

◒ **2** Sammelt alle „Zauberwörter“ oder höflichen Ausdrücke, die ihr kennt. Schreibt sie auf.

Am Telefon

Ja, vielen Dank. Das wäre nett.

Hallo Frau Kumar, kann ich bitte mit Amir sprechen?

Kein Problem, ich sage ihm Bescheid. Mach's gut, Alessio. Tschüss!

Guten Tag, hier spricht Alessio.

Amir ist gerade beim Sport. Kann er dich später zurückrufen?

Guten Tag, hier spricht Frau Kumar.

Tschüss, Frau Kumar.

1 Die Sätze sind durcheinandergeraten. Bringt sie in die richtige Reihenfolge.

2 Welche Sätze kannst du am Anfang eines Gesprächs sagen? Welche passen ans Ende? Schreibt Beispiele auf.

3 Welche dieser Sätze sind höflich, welche unhöflich? Begründet.

Guck mich gefälligst nicht an!	Wollen wir uns wieder versöhnen?
Kannst du mich bitte in Ruhe lassen?	Das ist deine Schuld.

→ MK 1.2 Digitale Werkzeuge

Höflich sein

Die Kinder bitten, danken und entschuldigen sich in verschiedenen Sprachen. Die Wörter sind so geschrieben, wie du sie aussprichst. Die unterstrichenen Silben musst du betonen.

Schukran!
Arabisch

Merßie!
Französisch

Affederßinis!
Türkisch

Tafadhali!
Suaheli (Kenia)

Tack!
Dänisch

Spassiba!
Russisch

Prosche!
Polnisch

Mamnun!
Persisch
(Farsi – Afghanistan)

1 Lest die Begriffe und übersetzt sie gemeinsam.

2 **Spielt** Situationen, in denen ihr höflich seid. Nutzt dabei die „Zauberwörter“. S. 29

3 Musst du immer höflich sein?

Kennt ihr schon manche dieser Wörter? Die Übersetzungen findet ihr sonst auf S. 95.

Gesprächsregeln

Mir hört ja sowieso niemand zu ...
Das hat doch damit nichts zu tun!
Äh ...
Seid endlich still, ich will auch mal was sagen!
Hört mal zu, ich habe eine Idee ...
Bei dem Lärm macht es keinen Spaß!

○ **1** Probiert aus: Bei „Los!“ erzählen alle laut, was ihnen zu dem Bild einfällt. Was fällt euch auf?

◒ **2** Wie schafft ihr es, euch gegenseitig zuzuhören? Sammelt Ideen.

● **3** Formuliert gemeinsam Gesprächsregeln.

Ein Beispiel für eine Gesprächsregel ist: Alle hören einander zu.

Auf dem Pausenhof

○ **1** Suche dir eine Situation von diesem Pausenhof aus. Was erleben und fühlen die Kinder? Beschreibe.

◒ **2** Sammelt gute und schlechte Erlebnisse von eurem Pausenhof. Ihr könnt schreiben oder malen.

Ein Kind ist ausgeschlossen und traut sich nicht dazu.

Pausenregeln

1. Gemacht wird, was die größten Kinder sagen.
2. Alle sorgen selbst dafür, dass sie Spaß haben.
3. Wer im Weg steht, wird umgerannt.
4. Schimpfwörter tun niemandem weh.
5. Wer sich Hilfe bei der Pausenaufsicht holt, ist ein Waschlappen und eine Petze.

3 Helfen diese Pausenregeln den Kindern? Begründet.

4 Sammelt eigene Pausenregeln, die ihr sinnvoll findet. Bastelt ein Puzzle daraus oder gestaltet ein **Plakat**. S. 89

5 Helfen Regeln immer?

Warum streiten wir?

Wer hat mir ein Bein gestellt?

Ihr schummelt! So gewinne ich nie.

Na toll, jetzt ist es kaputt! Du spielst nicht mit!

Hier dürfen nur die Schnellsten mitmachen!
ZIEL
ZIEL

○ **1** Wählt eine Situation aus. Was ist passiert? Wie fühlen sich die Kinder? Sprecht darüber und erklärt.

◒ **2** Wie kam es zu dem Streit? Sammelt mögliche Gründe.

● **3** Vergleicht die Situationen. Gibt es Gemeinsamkeiten?

● **4** Wie können die Kinder ihre Probleme lösen? **Spielt** verschiedene Möglichkeiten im **Rollenspiel**. → S. 29

Konflikte lösen

Aus meiner Sicht war das anders ...

Wenn wir wieder zusammen spielen, möchte ich ...

Es tut mir leid, ...

Was ist denn los? Ich glaube, ihr braucht Hilfe.

Beginnt eure Gespräche mit den Sätzen unter den Bildern.

1 Wählt eine Situation aus.
Wie löst ihr den **Konflikt**? Erklärt. → S. 93

2 Denkt euch ein kurzes Gespräch zu den Situationen aus.

3 Wann solltest du dir Hilfe holen, um einen Konflikt zu lösen? Nenne ein Beispiel.

4 Könnte es eine Welt ohne Streit geben?

Sprache entdecken

Das soll für alle gelten

Rechte | Essen/Trinken | Wohnung | Hilfe in Not

Schutz vor Gefahr | Respekt | Liebe | Auto

Geschenke zum Geburtstag | Freundlichkeit | Handy

Spielzeug | medizinische Hilfe | eigenes Schwimmbad

Alle Menschen sollen die gleichen Rechte haben und gleich behandelt werden. Das ist gerecht.

1 Was brauchen alle Menschen? Wähle aus und begründe.

2 Sammelt weitere Ideen: Was brauchen Menschen? Malt oder schreibt.

Auch du kannst helfen

Das Kind ist verzweifelt, weil ...

Das Kind ist ängstlich, weil ...

Das Kind ist traurig, weil ...

Das Kind ist geschockt und weint, weil ...

1. Beschreibe, wie sich die Kinder fühlen. Die Wortkarten helfen dir.
2. Wie kannst du hier helfen? Erkläre.
3. Wählt eine Situation aus. **Spielt** vor, wie ihr helft. S. 29

Gleiche Rechte – jeden Tag

Verzieht euch. Hier sind Mädchen nicht erwünscht.

Du spielst hier nicht mit. Schaffst du sowieso nicht.

Schau dir das nur an. Sie sollte sich lieber so anziehen wie wir.

Ich habe viel mehr zum Geburtstag bekommen als du! Das ist echt cool.
Ich habe mir viel mehr gewünscht, aber nicht alles bekommen.

Es ist nicht gerecht, dass die Mädchen ausgeschlossen werden. Sie haben die gleichen Rechte wie Jungen.

1 Was ist hier nicht in Ordnung? Begründe.

2 Welches Verhalten wäre richtig? **Spielt** es vor. S. 29

Recht auf Freizeit

Emma, hast du Lust zu spielen? Wollen wir mit dem Roller zum Spielplatz fahren?

Mein Papa sagt, ich habe keine Zeit. Er muss heute lange am Schreibtisch sitzen. Ich soll auf meinen kleinen Bruder aufpassen.

Alle Kinder haben ein Recht auf Freizeit und Spiel.

1 Was wünscht sich das Mädchen? Erklärt das Problem.

2 Kennt ihr solche Situationen? Sprecht darüber.

3 Kann Maxwell Emma helfen und trotzdem mit ihr spielen? Sammelt Ideen für eine Lösung.

4 Warum ist es wichtig, Zeit zum Spielen zu haben?

→ MK 1.1 Medienausstattung

Denk mit – mach mit

Gedanken und Gefühle äußern

Geschwister

Mascha freute sich riesig auf ihre kleine Schwester. Heute war es soweit: Gleich würde Mama mit dem Baby aus dem Krankenhaus nach Hause kommen. Mascha hatte mit Oma aufgeräumt und sogar ein kleines Kuscheltier für das Baby besorgt. Als Mama hereinkam, rannte Mascha zur Tür. Mama legte den Arm um ihre Schultern und sagte: „Schau mal, das ist Elin. Ist sie nicht süß?“

Mascha hatte plötzlich ein bisschen Bauchweh. So klein war das Baby? Wie sollte sie denn mit so einem winzigen Kind spielen? Mama setzte sich hin – mit Elin auf dem Arm. Sie lächelte das Baby an. Mascha fand, dass Elin irgendwie komisch aussah und kämpfte gegen die Tränen. So hatte sie sich das nicht vorgestellt. Ihre Mutter hatte jetzt ein neues Kind.

○ **1** Wie fühlt sich Mascha, als ihre Schwester kommt? Beschreibe.

○ **2** Was fällt euch zum Thema Geschwister ein? Macht eine **Blitzlichtrunde.** → S. 49

◒ **3** Mascha weiß nicht mehr, was sie sagen soll. Was könnte ihr helfen? Sammelt Ideen.

4 Ist es immer leicht zu beschreiben, was du fühlst oder denkst?

Blitzlichtrunde

Diese Arbeitstechnik könnt ihr in Zweierarbeit, in der Gruppe oder mit der ganzen Klasse anwenden.

○ 1 Ein Thema wird genannt, zum Beispiel „Geschwister“.

◒ 2 Sagt nacheinander spontan, was euch zu diesem Thema einfällt. Ihr dürft so schnell wie ein Blitzlicht sein – nicht lange nachdenken! Ihr könnt ein Wort, mehrere Wörter oder einen Satz sagen.

◒ 3 Schreibt eure Ideen auf. Damit ihr alle Ideen gleichzeitig seht, schreibt sie auf oder heftet sie an.

3 Meine Umwelt und ich

Digitale Medien in meinem Leben

das Buch	die Spielkonsole	die Zeitung	das Tablet
das Handy	die Zeitschrift	der Computer	der Comic

○ **1** Welche Medien nutzt die Familie?
Erzählt mithilfe der Karten.

◒ **2** Welche Medien gibt es in deiner Familie?
Darfst du alle **digitalen Medien** nutzen? Begründe. → S. 91

◒ **3** Wie lange darfst du Medien nutzen?
Gibt es dazu Regeln in deiner Familie? Erkläre.

4 Ist es gut, wenn Kinder über ihre Medien selbst entscheiden?

→ MK 1.1 Medienausstattung , 5.4 Selbstregulierte Mediennutzung

Was ist das Internet?

Das Internet ist ein weltweites digitales Netzwerk. Darin sind viele Geräte wie Computer, Smartphones, Tablets, Spielkonsolen und Fernseher miteinander verbunden.

Mit den Geräten können Menschen überall auf der Welt über das Internet verschiedene Dinge machen. Zum Beispiel mit dem Tablet Musik hören, Filme schauen und Spiele spielen.

Das Internet gehört niemandem. Jeder Mensch mit einem Zugang zum Internet kann über die Abkürzung www. eine Seite im Internet aufrufen, zum Beispiel www.internet-abc.de. „www“ steht für „world wide web“. Das heißt übersetzt „weltweites Netzwerk“.

Das Internet ist in unserem Alltag sehr wichtig geworden: zu Hause, in der Schule und bei der Arbeit vieler Menschen.

○ **1** Seht euch die Bilder an und lest die Sprechblasen. Was ist das Internet? Erklärt.

◒ **2** Warst du schon einmal im Internet? Erzähle.

→ MK 1.1 Medienausstattung, 5.1 Medienanalyse, 6.1 Prinzipien der digitalen Welt

Diese Medien nutze ich

Mit meinem **Computer** schreibe ich Texte und lese E-Mails von meiner Lehrerin. Manchmal übe ich mit einem Lernprogramm für die Schule. Mit einer Suchmaschine kann ich Informationen im Internet suchen. Ich spiele auch gern Computerspiele.

Emma

Mit dem **Smartphone** rufe ich meinen Vater an. Ich schicke damit Nachrichten an meine Freunde. Manchmal mache ich auch Fotos.

S. 94

Silas

Mit der **Spielkonsole** spiele ich Videospiele allein oder mit anderen.

Zafira

Im **Fernseher** schaue ich Serien und Filme. Ich darf mir oft aussuchen, was ich mir anschauen möchte.

Leo

○ **1** Seht euch die Bilder an und lest die Sprechblasen. Welches Kind sagt was? Ordnet zu.

◒ **2** Welche **digitalen Medien** nutzt du und was machst du damit? S. 91 Erkläre in ganzen Sätzen.

Ich habe einen Computer. Damit ...
Ich habe ein Handy. Damit ...
Ich habe eine Spielkonsole. Damit spiele ich ...
Im Fernsehen schaue ich ...

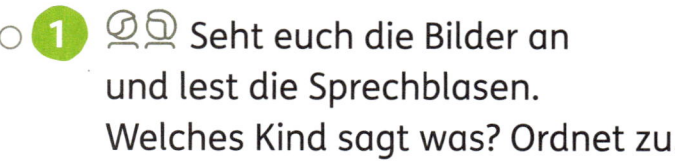

→ MK 1.1 Medienausstattung, 5.1 Medienanalyse, 5.4 Selbstregulierte Mediennutzung

Suchen und finden im Internet

Ich möchte etwas über Bienen herausfinden. Dazu nutze ich eine Kindersuchmaschine. So finde ich Informationen für Kinder. Ich habe das Wort **Bienen** in das Suchfeld eingegeben. Jetzt werden mir verschiedene Internetseiten zum Thema angezeigt. Wonach suchst du, Silas?

Ich suche Informationen über Hunde im Internet. Die Kindersuchmaschine zeigt mir viele Suchergebnisse an. Jetzt muss ich herausfinden, auf welcher Internetseite ich etwas über Hunde als Haustiere herausfinden kann.

Das Fachwort für die Suche im Internet heißt **Recherchieren** → S. 93

1. Lest die Sprechblasen. Wonach suchen die Kinder im Internet? Erzählt.

2. Habt ihr auch schon einmal etwas im Internet gesucht? Sprecht darüber.

3. Zu welchem Thema möchtet ihr etwas im Internet herausfinden? Gebt euer Suchwort in eine Kindersuchmaschine ein. → S. 65

Sprache entdecken

Das Smartphone nutzen

Zafira

Leo

Mama: Silas, komm bitte nach Hause.
Silas: Hallo Mama! Ich bin in 10 Minuten da.

Silas

Emma

... ruft ihre Oma an.

... schickt seiner Mutter eine Nachricht.

... macht Fotos und schickt sie seinem Freund.

... spielt auf dem Smartphone ein Spiel.

○ **1** Wozu nutzen die Kinder das **Smartphone**? Erzählt. → S. 94

◒ **2** Warum ist Emmas kleine Schwester traurig? Erkläre.

◒ **3** Spielst du lieber auf dem Smartphone oder mit anderen Kindern? Begründe deine Meinung.

Die Satzkarten können dir dabei helfen.

→ MK 1.1 Medienausstattung, 3.1 Kommunikations- und Kooperationsprozesse

Sei fair im Internet

fällt hin | filmt heimlich | verschickt das Video

lachen Silas aus | ist traurig | entschuldigt sich

1 Erzählt die Geschichte zu den Bildern.

2 Emma hat sich unfair verhalten. Begründe.

3 Spielt die Geschichte in einem **Rollenspiel** nach. → S. 29

Die Natur erleben

Im Wald sehe/höre/rieche/fühle/schmecke ich ...

Am Meer sehe/höre/rieche/fühle/schmecke ich ...

Im Schnee sehe/höre/rieche/fühle/schmecke ich ...

Am See sehe/höre/rieche/fühle/schmecke ich ...

○ **1** Was könnt ihr an den Orten auf den Bildern sehen, hören, riechen, fühlen oder schmecken? Erzählt.

◒ **2** Welche Gegenstände im Klassenraum kommen aus der Natur? Erkläre.

3 Ist jeder Lebensraum besonders?

Über die Natur staunen

Ameisen können das Hundertfache ihres eigenen Körpergewichts tragen.

Schnecken haben ihre Augen an den beiden längeren Fühlern. Mit dem anderen Fühlerpaar riechen sie.

Es gibt etwa 10 000 Schmetterlingsarten in Europa.

Der Maikäfer hat vier Jahre als Wurm in der Erde gelebt, bevor er sich im Frühling ausgräbt.

1 Sprecht über die Texte und Fotos.

2 Worüber staunt ihr? **Recherchiert** im Internet. S. 65, 93

3 Erstellt Karteikarten mit eigenen Texten und Bildern. Stellt eure Karteikarten den anderen Kindern vor.

4 Warum gibt es so viele verschiedene Tier- und Pflanzenarten?

→ MK 2.1 Informationsrecherche, 2.2 Informationsauswertung

Die Biene

Eine Biene fliegt von Blüte zu Blüte.
Sie sammelt Blütenstaub
und saugt süßen Saft aus den Blüten.

An dem Körper der Biene bleibt dabei
Blütenstaub hängen.
Die Biene trägt ihn zur nächsten Blüte.
Wenn dort von der Biene
ein wenig Blütenstaub abfällt,
wird die andere Pflanze bestäubt.

Nur so wachsen aus den Blüten Äpfel, Birnen
oder Kirschen. Ohne Bienen würde es auch
keine Pflaumen, Pfirsiche oder
Himbeeren geben.

Seit einigen Jahren sterben viele Bienen.
Deshalb müssen wir Bienen besonders schützen.
Der 20. Mai ist der Welttag der Bienen.
Dieser besondere Tag soll die Menschen
daran erinnern, dass es ohne Bienen
keine neuen Pflanzen gibt.

1. Warum sind Bienen so wichtig? Erklärt.

2. **Recherchiert** im Internet, wie ihr Bienen schützen könnt. S. 65, 93 Erstellt ein **Plakat**. S. 89

3. Wenn die Bienen aussterben, gibt es nur noch sehr wenig Obst und Gemüse. Ist dann auch das Überleben der Menschen in Gefahr?

→ MK 2.1 Informationsrecherche, 2.2 Informationsauswertung

Das Wildbienenhotel

Du kannst eine Nisthilfe für die Weibchen der Wildbienen bauen.

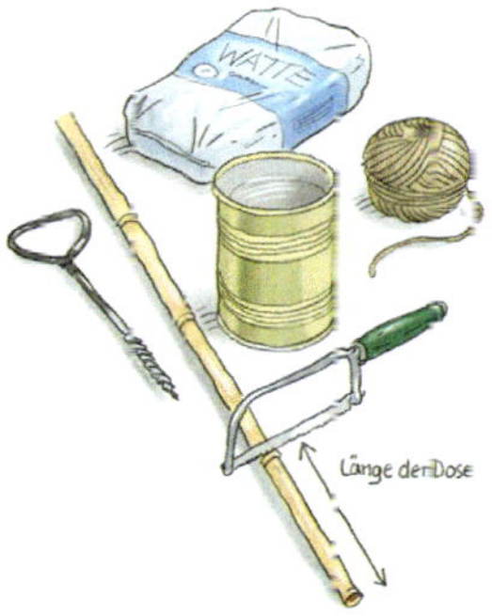

Dazu brauchst du:
eine saubere Konservendose ohne Deckel, eine kleine Eisensäge, Holzbohrer, Watte, Paketband und Bambusstangen

1. Zersäge die Bambusstangen. Sie sollten so lang sein wie die Dose.

2. Entferne das Mark aus allen Bambusstangen. Dazu drehst du den Holzbohrer von beiden Seiten in die Bambusstange. Schüttele die Stange gut aus.

3. Verschließe eine Seite der Stange mit Watte. Schiebe die Watte mit dem Holzbohrer bis an das Ende der Stange.

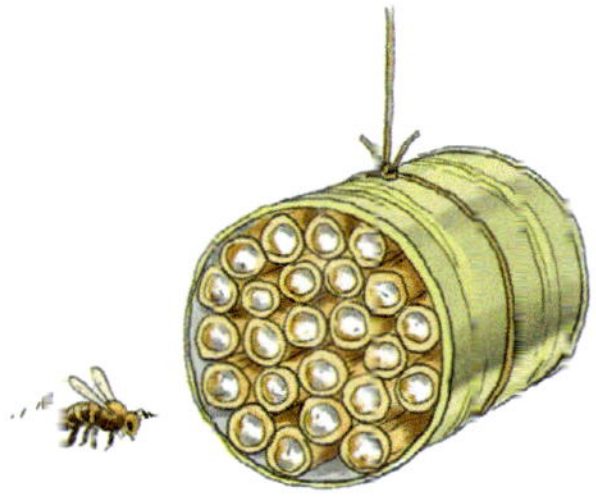

4. Stecke so viele Stangen in die Dose, bis sie voll ist. Wickele das Paketband mehrmals um die Dose. Mache einen Knoten. Hänge das Wildbienenhotel an einem sonnigen und windgeschützten Platz auf.

1 Lest die Anleitung. Baut gemeinsam das Wildbienenhotel.

2 Hängt das Wildbienenhotel auf dem Schulgelände auf. Beobachtet es im Verlauf des Schuljahres.

Selma wünscht sich ein Haustier

Selma entdeckt im Hof einen Karton. Er raschelt.
Selma holt schnell ihren Vater.
Er öffnet den Deckel.
Selma ruft: „Da sind ja kleine Echsen drin!“
Ihr Vater sagt: „Die Echsen wurden ausgesetzt.“

Selma und ihr Vater fahren zum Tierheim.
Die Mitarbeiterin dort erklärt:
„Viele Menschen kaufen Haustiere,
ohne sich zu informieren.
Wenn die Tiere Dreck oder Krach machen,
wollen die Besitzer sie nicht mehr behalten.
Wird ein Tier krank, ist der Tierarzt oft zu teuer.
Für den Urlaub fehlt oft jemand, der sich um
das Tier kümmern kann. Dann wird es ausgesetzt.“

Auf dem Heimweg denkt Selma nach.
Sie möchte eine Katze aus dem Tierheim retten.
Zu Hause recherchiert Selma im Internet,
wie Hauskatzen richtig gehalten werden.
Sie schreibt auf, was das Futter, die Katzentoilette
und der Tierarzt kosten. Was wird Papa dazu sagen?

○ **1** Warum werden viele Haustiere ausgesetzt? Erklärt.

◒ **2** Worüber muss Selma sich informieren, bevor sie eine Katze aus dem Tierheim zu sich holen kann? Erklärt.

● **3** Welches Haustier hättet ihr gern? **Recherchiert** im Internet, was zu beachten ist. → S. 65, 93 Erstellt ein **Plakat**. → S. 89

→ MK 2.1 Informationsrecherche, 2.2 Informationsauswertung

So leben Menschen und Tiere zusammen

1. Seht euch die Bilder an. Beschreibt die Unterschiede.

2. Welches Tier auf den Bildern wärst du gern? Begründe.

3. Wie leben Menschen und Tiere noch zusammen? Male und schreibe.

4. Dürfen Menschen über Tiere entscheiden?

Unsere Tierwelt ist bedroht

Der Mensch hat den Lebensraum des Feldhamsters verändert. Heute ist der Feldhamster vom Aussterben bedroht.

Afrikanische Waldelefanten werden wegen ihrer Stoßzähne gejagt. Für das Elfenbein bekommen die Jäger Geld.

Das Eis am Nordpol schmilzt, weil es auf der Erde immer wärmer wird. Die Eisbären können nun weniger Robben auf dem Eis jagen. Ihnen fehlt Nahrung.

Es leben nur noch ungefähr 250 Glattwale im Meer. Sie stoßen mit Schiffen zusammen oder verfangen sich in Fischernetzen.

1 Warum sind diese Tiere vom Aussterben bedroht. Erklärt.

2 Welche Tiere sind noch bedroht? **Recherchiert** im Internet.
S. 65, 93

3 Die Natur braucht uns nicht, aber wir brauchen die Natur. Stimmt das?

→ MK 2.1 Informationsrecherche, 2.2 Informationsauswertung

Tiere in der Natur schützen

Beim Brüten brauchen Vögel Ruhe. Fass auch die Eier und Jungvögel in den Nestern nicht an.

Insekten kannst du prima beobachten. Aber tritt nicht auf sie oder schlage nach ihnen.

Pflanzen sind die Nahrung für viele Tiere. Pflück sie nicht.

Im Winter finden Vögel nicht mehr genug Futter. Gib ihnen Vogelfutter.

○ **1** Seht euch die Bilder an und lest die Texte.
Wie könnt ihr Tiere und Pflanzen schützen? Erklärt.

◒ **2** Wie könnt ihr Tiere und Pflanzen noch schützen? Sprecht darüber.

3 Wie wäre die Welt ohne Tiere und Pflanzen?

Denk mit – mach mit

Informationen suchen

Silas mag Faultiere

Silas möchte mehr über Faultiere herausfinden.
Er recherchiert im Internet:

Faultiere leben im tropischen Regenwald.
Dort hängen sie in den Bäumen
und fressen Blätter.

Faultiere bewegen sich sehr langsam.
Sie schlafen die meiste Zeit am Tag.
Silas findet das toll! Er ist auch gern mal faul.

Die Menschen fällen leider viele Bäume,
auf denen die Faultiere leben.
Die Tiere sind zu langsam, um wegzulaufen.

○ **1** Welche Informationen hat Silas über Faultiere im Internet gefunden? Erklärt.

○ **2** Wann bist du gerne mal faul? Male.

● **3** Welches Tier findet ihr interessant? **Recherchiert** im Internet.
→ S. 65, 93

4 Gibt es wichtige und unwichtige Informationen?

→ MK 2.1 Informationsrecherche, 2.2 Informationsauswertung, 2.3 Informationsbewertung

Suchen und finden im Internet

○ **1** Über welches Tier möchtet ihr etwas herausfinden? Überlegt gemeinsam.

● **2** Sucht Informationen zu dem Tier im Internet. Diese Schritte helfen euch:

1. Bittet eure Lehrerin, euren Lehrer oder einen anderen Erwachsenen um Hilfe.
2. Ruft eine Kindersuchmaschine im Internet auf.

3. Gebt in das Suchfeld ein, wonach ihr suchen möchtet. Beispiel: **Faultier**
4. Nun seht ihr die Suchergebnisse untereinander aufgelistet. Lest die Überschriften. Wählt dann eine Seite aus, die euch interessiert.

5. Schaut euch die Bilder oder Videos auf der Internetseite an. Lest die Texte oder lasst sie euch vorlesen.
6. Malt oder schreibt auf, was ihr wichtig findet. Wichtige Texte oder Bilder könnt ihr ausdrucken. Ein Erwachsener kann euch dabei auch helfen.

→ MK 2.1 Informationsrecherche, 2.2 Informationsauswertung, 2.3 Informationsbewertung

4 Dem Leben begegnen

Der Tagesablauf von Lina

○ **1** Beschreibt den Tagesablauf von Lina.

◒ **2** Malt eure Tagesabläufe und vergleicht sie.
Welche Gemeinsamkeiten und Unterschiede gibt es?

● **3** Welche **Rituale** sind dir besonders wichtig?
Begründe. → S. 94

Mein tägliches Ritual ist ...	Ein Ritual in meiner Familie ist ...

Ein Ritual in der Schule ist ...

4 Ist es gut, wenn jeder Tag gleich abläuft?

→ MK 4.1 Medienproduktion und Präsentation

Rituale zur Begrüßung und Verabschiedung

Salam Aleikum. *Das heißt „Friede sei mit euch" auf Arabisch.*

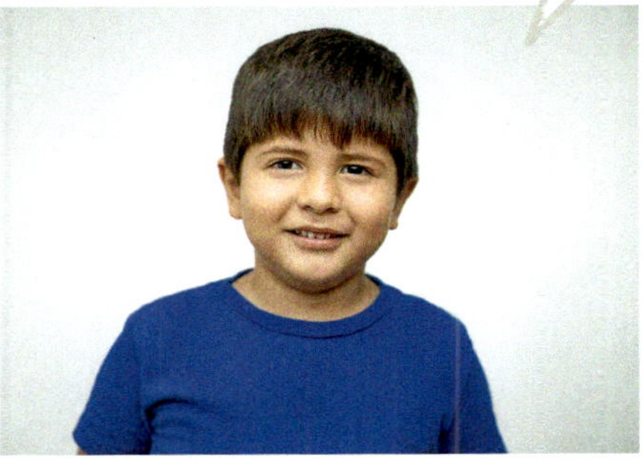

Schalom bedeutet „Frieden". Das ist Hebräisch

Namasté *kommt aus einer alten indischen Sprache. Es bedeutet „Ich achte und respektiere dich."*

Mo Phat *ist vietnamesisch und bedeutet „Ich verehre den Buddha, den Erleuchteten."*

Ich begrüße andere Menschen so …
Ich verabschiede mich von anderen so …

○ **1** Wie begrüßen sich die Kinder? Beschreibt.

○ **2** Wie begrüßt und verabschiedest du deine Familie und deine Freunde? Spiele vor.

3 Menschen haben unterschiedliche Rituale, zum Beispiel zur Begrüßung, beim Essen oder bei Feiern. Warum ist das so?

Sprache entdecken

Ein Schnurps grübelt

Also, es war einmal eine Zeit,
da war ich noch gar nicht da. –
Da gab es schon Kinder, Häuser und Leut'
Und auch Papa und Mama,
jeden für sich –
bloß ohne mich!

Und einmal, das sagte der Vater heut,
ist jeder Mensch nicht mehr hier.
Alles gibt's noch: Kinder, Häuser und Leut',
auch die Sachen und Kleider von mir.
Das bleibt dann für sich –
bloß ohne mich.

Aber ist man dann weg? Ist man einfach fort?
Nein, man geht nur woanders hin.
Ich glaube, ich bin dann halt wieder dort,
wo ich vorher gewesen bin.
Das fällt mir dann bestimmt wieder ein.
Ja, so wird es sein!

Michael Ende

Bevor ich geboren wurde …

Nach meinem Tod …

1 Worüber denkt der Schnurps nach? Erkläre.

2 Was denkst du über den Anfang und das Ende des Lebens? Erkläre.

3 Wie wäre es, für immer zu leben?

Die Denkblasen oben können dir helfen.

Stationen in meinem Leben

Ich bin geboren am ... in ...
Zu meiner Familie gehören ...

Ich wurde mit ... Jahren eingeschult.

Wenn ich erwachsen bin, arbeite ich als ...
Dann wohne ich ...

Wenn ich alt bin, habe ich ...

1 Seht euch die Bilder an und lest die Satzmuster.
Erzählt in ganzen Sätzen von wichtigen Stationen in eurem Leben.

2 Welche Stationen im Leben sind bei allen Menschen gleich?
Was kann sich unterscheiden? Nenne Beispiele.

Lebenswege

○ **1** Sprecht über die Lebenswege von Lotta und Faris.
Wie beginnen die Lebenswege der Kinder? Wo kommen sie an?
Sprecht darüber.

◒ **2** Gestalte deinen eigenen Lebensweg
mit einem Wollfaden und Karten.

◒ **3** Vergleicht eure Lebenswege. Welche
Gemeinsamkeiten und Unterschiede gibt es? Erklärt.

4 Ist unser Lebensweg vorbestimmt?

Stolpersteine im Leben

1 Seht euch die Stolpersteine an. Was haben die Kinder erlebt? Beschreibt.

2 Gab es Stolpersteine in deinem Leben? Male und schreibe.

3 Hast du schon einmal einem Menschen geholfen, einen Stolperstein zu überwinden? Erkläre.

Ein Stolperstein in meinem Leben war ..., weil ...

4 Können Stolpersteine im Leben auch etwas Gutes sein?

Das Glücksglas

Abeni ist sieben Jahre alt. Sie wurde in einem kleinen Dorf in Afrika geboren. In ihrer Heimat gab es Krieg. Abenis Familie hatte Angst. Es gab oft nicht genug zu essen und zu trinken. Darum ist Abeni mit ihren Eltern und ihrem kleinen Bruder nach Deutschland geflüchtet. Seit drei Monaten lebt die Familie in einem Wohnheim für Geflüchtete. Dort ist wenig Platz für die Familien. Nachts ist es oft laut. Abeni geht jetzt in die Grundschule. Sie kann nur sehr wenig Deutsch sprechen und verstehen. Während der Hofpause steht sie allein auf dem Schulhof. Heute haben zum ersten Mal zwei Kinder mit Abeni Ball gespielt. Glücklich geht Abeni nach der Schule nach Hause. Sie schreibt einen neuen Zettel für ihr Glücksglas.

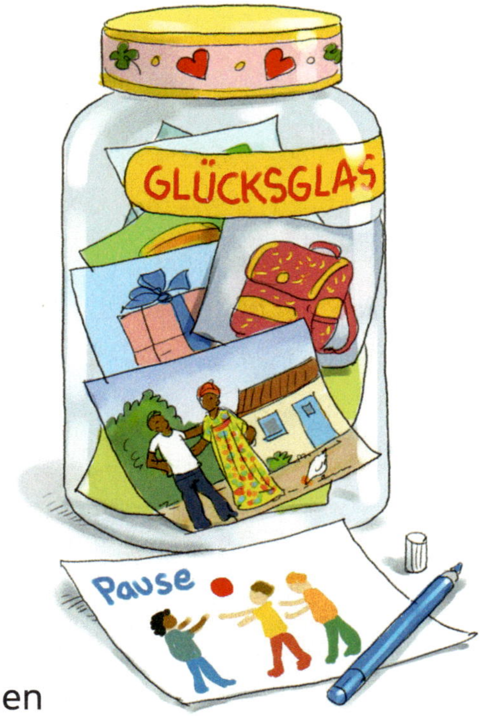
GLÜCKSGLAS
Pause

1 Lest den Text und seht euch Abenis Glücksglas an. Was hat Abeni glücklich gemacht? Erzählt.

2 Was erzählt Abeni ihrer Mutter nach der Schule? Wie fühlt sie sich? Spielt in einem **Rollenspiel.** S. 29

3 Was macht dich glücklich? Male und schreibe auf Zettel. Bastele ein eigenes Glücksglas.

4 Was ist Glück?

Mich macht ... glücklich, weil ... Ich bin glücklich, wenn ich ...

Glücksbringer und Beschützer

Manche Menschen glauben, dass sie einen Schutzengel haben, der sie beschützt.

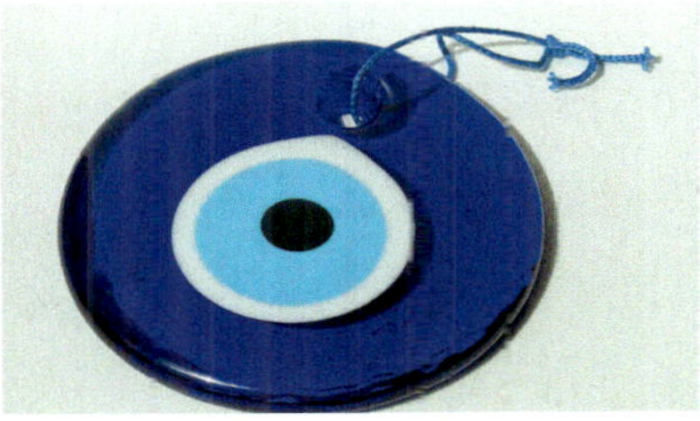

Der Anhänger mit dem blauen Auge soll vor dem bösen Blick beschützen.

Ein Traumfänger sorgt dafür, dass du keine schlechten Träume hast.

Das Sorgenpüppchen aus Südamerika soll die Sorgen abnehmen.

○ **1** Was bedeuten die Gegenstände? Erklärt.

◒ **2** Hast du auch einen Glücksbringer oder Beschützer? Erzähle.

● **3** **Recherchiert** im Internet: Welche Glücksbringer gibt es in anderen Ländern? → S. 65, 93

Gebt das Wort **Glücksbringer** in eine Kindersuchmaschine ein.

● **4** Erstellt ein **Plakat** über Glücksbringer und Beschützer. → S. 89

Über Gott nachdenken

S. 90-93

Ich glaube an ***Gott*** *und an seinen Sohn* ***Jesus Christus****. Ich kann Gott nicht sehen. Jesus hat vor über 2000 Jahren gelebt.*

Im ***Judentum*** *gibt es viele Namen für Gott. Viele jüdische Menschen sprechen aus Respekt den Namen Gottes nicht aus.*

Bei uns gibt es ganz viele Götter und Göttinnen. Sie heißen ***Devas****.*

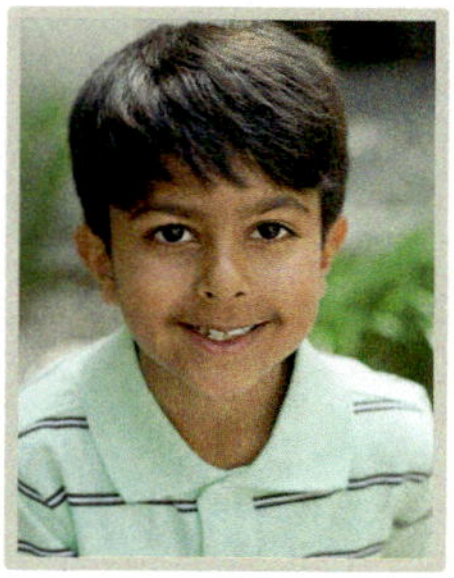

Allah *ist das arabische Wort für Gott. Gott kann ich nicht sehen. Es gibt 99 Namen, die ihn beschreiben.*

Ich glaube nicht an Gott. Aber ich habe im Kindergarten schon von ihm gehört.

○ **1** Woran glauben die Kinder? Erklärt.

◒ **2** Wie stellst du dir einen Gott vor? Beschreibe.

3 Glaubst du an einen Gott?

Beten

Die Kinder beten. Sie glauben, dass ein Gott ihnen zuhört.
Sie bitten um etwas oder bedanken sich.
Ein Gebet kann gedacht, gesprochen oder gesungen werden.

1

2

3

4

1 Seht euch die Bilder der Kinder beim Beten an.
Welche Gemeinsamkeiten und Unterschiede gibt es? Erklärt.

2 Hast du schon einmal gebetet? Erzähle.

3 Wofür möchtest du dich bei jemandem bedanken?
Male oder schreibe es auf ein Blatt. Gib deinen Dank ab.

4 Kann jede Bitte in Erfüllung gehen?

Religiöse Häuser

1

S. 92

Der **Aachener Dom** ist eine christliche **Kirche**. Früher wurden dort deutsche Könige gekrönt.

2

Die **DITIB-Merkez-Moschee** ist ein islamisches Begegnungshaus in Duisburg. Sie ist eine der größten **Moscheen** Deutschlands.

3

Diese **Synagoge** steht in Köln. Sie ist ein Gotteshaus für jüdische Gläubige.

4

Der **Sri-Kamadchi-Ampal-Tempel** steht in Hamm. Er ist ein hinduistischer **Tempel**.

1. Vergleicht die **religiösen Häuser**. Was fällt euch auf? S. 92
2. Lest die Texte unter den Fotos. Ordnet die vier Religionen zu:

Islam	Christentum	Hinduismus	Judentum

S. 91–93

3. Warst du schon einmal in einem religiösen Haus? Erzähle.
4. Wozu gibt es religiöse Häuser?

→ MK 2.1 Informationsrecherche, 2.2 Informationsauswertung

Besondere Schriften

1

S. 90–94

Die **Bibel** ist die Heilige Schrift im Christentum. Darin stehen auch Geschichten über Jesus. Christinnen und Christen glauben, dass er der Sohn Gottes ist.

2

Der **Koran** ist das gesegnete Buch im Islam. Es wurde in arabischer Sprache geschrieben.

3

Die **Tora** ist ein Teil der Heiligen Schrift im Judentum. Sie ist in hebräischer Schrift in eine Rolle geschrieben.

4

Shruti sind die wichtigsten Heiligen Schriften im Hinduismus. Sie enthalten die Botschaften der Götter.

1. Seht euch die Fotos der besonderen Schriften an. Beschreibt.
2. Hat dir schon einmal jemand aus einer besonderen Schrift vorgelesen? Erzähle.
3. Warum gibt es verschiedene besondere Schriften?

Feste und Feiertage

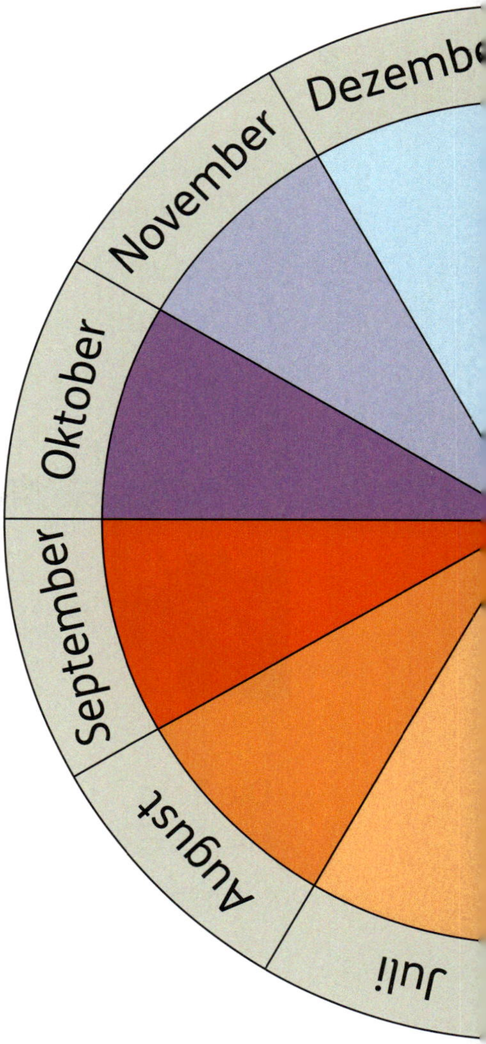

1 Welche Feste auf den Bildern kennst du? Erkläre.

2 Wann und wie feierst du Geburtstag? Sprecht darüber.

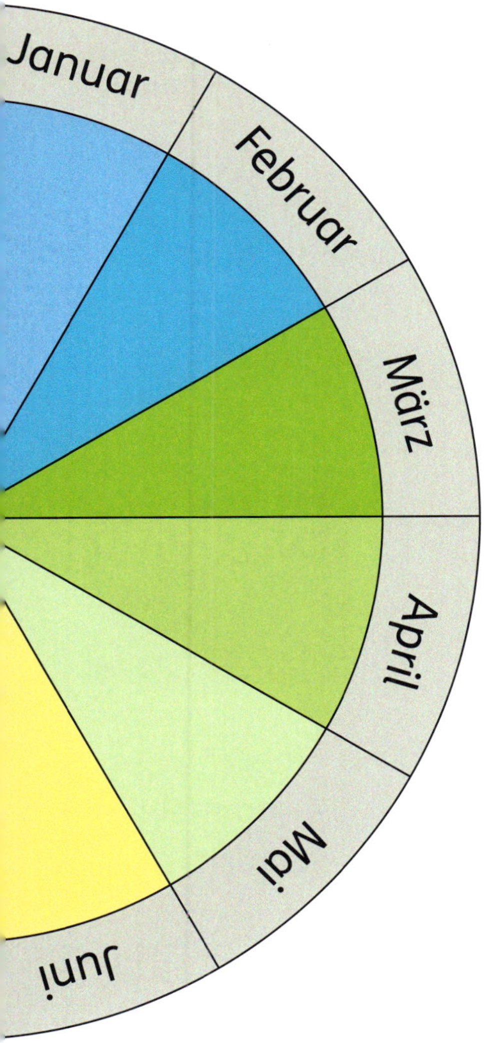

3 Welche Feste feierst du mit deiner Familie? Erzähle.

4 Erstellt ein **Plakat** mit euren Lieblingsfesten. S. 89

Wir verkleiden uns

Beim jüdischen **Purimfest** verkleiden sich die Kinder. Sie spielen die Geschichte von Ester nach. Ester rettete die jüdischen Menschen vor dem bösen Haman. Immer wenn sein Name genannt wird, machen die Kinder mit Rasseln viel Lärm.

Die christlichen **Sternsinger** verkleiden sich als Könige. Sie gehen zwischen Weihnachten und dem 6. Januar von Haus zu Haus.
Die Kinder singen und sammeln **Spenden**.

An **Karneval** verkleiden sich Kinder und Erwachsene. In vielen Dörfern und Städten finden Umzüge statt.
Von den Wagen werden Bonbons geworfen.

An **Halloween** klingeln die Kinder in einer gruseligen Verkleidung an der Tür. Sie sammeln Süßigkeiten und rufen: „Süßes oder Saures!“

1 Warum verkleiden sich die Kinder? Erkläre.

2 Wann habt ihr euch schon einmal verkleidet? Erzählt.

3 Wie würdest du dich gern einmal verkleiden? Male.

4 Wärst du gern einmal jemand anders? Wer? Begründe.

Die Weihnachtsgeschichte

Erzähler: Maria und Josef wohnen in der Stadt Nazareth. Ein Engel spricht zu Maria. Sie wird ein besonderes Kind bekommen. Es soll Jesus heißen. Die Menschen werden ihn den Sohn Gottes nennen.

Josef: Komm, Maria! Wir müssen in meine Heimat nach Betlehem gehen. Der römische Kaiser will uns zählen.

Maria: Aber ich bin schwanger. Das Kind wird bald auf die Welt kommen.

Josef: Hier in Betlehem gibt es kein Zimmer mehr. Nur noch einen alten Stall, in dem wir übernachten können.

Erzähler: Maria bekommt Jesus in diesem Stall. Der Engel erzählt den Hirten auf dem Feld von der Geburt des Sohnes Gottes. Sofort machen sie sich auf den Weg zum Stall.

Hirte: Die Geburt von Jesus ist für uns ein Geschenk. Er wird uns armen, ausgeschlossenen Menschen helfen.

Könige: Seht ihr den großen Stern am Himmel. Da muss ein König geboren worden sein. Lasst uns dem Stern folgen. Wir bringen ihm wertvolle Geschenke mit.

1. Lest den Text mit verteilten Rollen. Wenn ihr möchtet, könnt ihr ein **Rollenspiel** einüben. S. 29

2. Wann bekommst du Geschenke? Erzähle.

3. Was ist schöner: Ein Geschenk bekommen oder jemandem etwas zu schenken?

Weihnachtsbräuche

→ S. 90–92

Ich bastele gern Sterne aus Goldpapier. Damit schmücke ich unseren **Christbaum** an **Heiligabend**.

Ich backe mit meiner Oma Plätzchen am ersten **Adventssonntag**. Wenn die Plätzchen fertig sind, duftet es nach Weihnachten.

→ S. 90

Ich habe am 4. Dezember die **Barbarazweige** geschnitten und in die Vase gestellt. Ob sie an Weihnachten blühen?

Bei uns ist es Brauch …

1 Beschreibt die Weihnachtsbräuche der Kinder.

2 Welche **Bräuche** kennst du? Erzähle. → S. 90

3 Stellt **Barbarazweige** in eine Vase. Beobachtet sie. → S. 90

4 **Recherchiert** im Internet über Weihnachtsbräuche. → S. 65, 93
Erstellt ein **Plakat**. → S. 89

Osterbräuche

? werden von Hühnern gelegt. Daraus schlüpfen Küken. Deshalb stehen ? für neues Leben. Für das Osterfest werden die ? gekocht und bunt bemalt. Die Kinder suchen versteckte ? am Ostersonntag. Früher wurden die ? mit Roter Beete, Spinat oder Zwiebelschalen gefärbt.

Der ? bringt an Ostern die bunten Ostereier. ? bekommen viele Jungen. Deshalb stehen sie für das Leben. An Ostern bekommen die Kinder ? aus Schokolade.

Das ? steht für Wärme und Licht. Im Christentum erinnert das ? an Jesus und sein Leben. Deshalb wird an den Osterfeiertagen ein ? angezündet.

Das ? hat ein weißes Fell. Es steht für Reinheit und Frieden. Viele Familien backen an Ostern einen Kuchen in Form eines ?.

1 Findet zu jedem Text das passende Bild. Lest die Texte laut vor und setzt dabei die richtigen Wörter ein.

2 Kennt ihr andere Dinge, die mit Ostern zu tun haben? Sprecht darüber.

3 **Recherchiert** im Internet über Osterbräuche. S. 65, 93

Gebt das Wort **Osterbräuche** in eine Kindersuchmaschine ein.

Religiöse Feste

S. 90–92

Das christliche **Erntedankfest** wird am ersten Sonntag im Oktober gefeiert. Viele **Christinnen und Christen** gehen zum **Gottesdienst** in die **Kirche**.
Sie bringen Obst, Gemüse, Brot, Kuchen oder Säfte als Teil der Ernte mit.
Alles wird vor den **Altar** gelegt.
Die Menschen danken Gott mit Liedern und Gebeten für die Ernte.

S. 92

Das **Fest des Fastenbrechens** ist ein islamisches Fest. **Musliminnen und Muslime** essen und trinken im Fastenmonat Ramadan von der Morgendämmerung bis zum Sonnenuntergang nichts. Wenn sie die Fastenzeit geschafft haben, feiern sie das Fest des Fastenbrechens. Die Feier beginnt mit einem gemeinsamen Gebet. Dann gibt es Geschenke und Süßigkeiten.

1. Was haben die Fotos mit dem Erntedankfest und dem Fest des Fastenbrechens zu tun? Vermutet.

2. Lest die beiden Texte. Warum feiern christliche Menschen das Erntedankfest und muslimische Menschen das Fest des Fastenbrechens? Erklärt.

3. Hattest du schon einmal längere Zeit Hunger? Wie hast du dich dabei gefühlt? Erzähle.

S. 93

Beim jüdischen **Laubhüttenfest** erinnern sich **jüdische Menschen** an ihre Vorfahren. Sie sind aus Ägypten geflohen und viele Jahre mit Zelten durch die Wüste gezogen, bis sie das Land Israel erreichten. Viele leben noch heute in Israel.
Beim Laubhüttenfest bauen die Familien draußen eine Hütte aus Ästen, Zweigen und Strohmatten. Sie essen, beten und schlafen dort bei gutem Wetter. Sie danken Gott für Ernte und Schutz.

S. 92

Holi ist das hinduistische Frühlingsfest der Farben. **Hinduistinnen und Hinduisten** feiern das Aufblühen der Natur und den Sieg des Guten über das Böse. Außerdem sollen die Menschen allen Streit vergessen und zusammen feiern. Die Menschen tanzen auf den Straßen und machen Musik. Dabei bewerfen sie sich mit Farbpulver und Wasser.

1 Lest die beiden Texte. Wie feiern jüdische Menschen das Laubhüttenfest und hinduistische Menschen das Holifest? Erklärt.

2 Was machst du gerne im Frühling? Male dich dabei in bunten Farben. Klebt eure Figuren auf ein Plakat. Erzählt.

→ MK 2.1 Informationsrecherche

Nikolaus

Vor vielen hundert Jahren
regnete es nicht in der
Stadt Myra in der Türkei.

Alle Menschen hungerten.
Der Bischof Nikolaus
konnte ihnen nicht helfen.

Eines Tages fahren Schiffe
in den Hafen ein.
Sie sind mit Korn beladen.
Die Bewohner von Myra
möchten das Korn kaufen.
Doch die Schiffer verkaufen
ihnen nichts.

Der Bischof spricht zu den Schiffern:
„Gebt etwas von dem Korn ab.
Gott wird eure Schiffe wieder füllen.“
Da bekommen die hungrigen Menschen
Korn. Der Bischof verteilt alles gerecht.

Tatsächlich kommen die Schiffe
voll beladen am nächsten Hafen an.
Die Menschen aus Myra werden alle
satt. Bis heute denken die Menschen
am 6. Dezember an den guten
Bischof Nikolaus.

1. Sammelt und bastelt die Gegenstände auf dem Bild.
   Erstellt gemeinsam ein Bodenbild.
2. Lest die Texte zu den Bildern.
   Erzählt die Geschichte mithilfe des Bodenbildes nach.
3. Hast du schon einmal jemandem geholfen? Erzähle.
4. Gibt es Gründe, nicht zu helfen?

Denk mit – mach mit

Ein Thema mit Bildern gestalten

Sterne

Ganz weit in der Ferne
stehen am Himmel die Sterne.
Unendlich viele sind sie,
zählen kann man die nie,
auch wenn sie im Dunkeln
noch so hell funkeln.

Den großen da drüben
hab ich besonders gern.
Der ist mein Lieblingsstern.
Er bringt mir nämlich Glück.
Und winke ich ihm zu,
blinzelt er zurück.

Hans und Monique Hagen

1 Lest den Text. Was ist der Glücksbringer des Kindes? Erklärt.
Male deinen Glücksbringer oder Beschützer. Schneide ihn aus.

2 Schreibt einen kurzen Text zu jedem Bild.

3 Klebt eure Bilder und Texte auf ein **Plakat.** S. 89

4 Kann dich ein Glücksbringer vor allem beschützen?

Ein Plakat erstellen

Ein Plakat ist ein großes **Blatt**, das Bilder und Texte enthält. Sie sind übersichtlich angeordnet.

Diese Schritte helfen euch, ein Plakat zu erstellen:

1. Überlegt, was ihr schon über das Thema wisst. Malt Bilder und schreibt es auf. Was soll noch auf das Plakat?

2. **Sucht** weitere Informationen in Büchern oder **im Internet**. → S. 65
   Malt oder druckt euch Bilder aus.
   Schreibt wichtige Informationen auf.

3. Schreibt euer Thema ordentlich als Überschrift oben auf das Plakat. Verteilt dann die Bilder darauf. Überlegt euch kleine Überschriften dafür.

Ein Kleeblatt hat drei Blätter. Kleeblätter mit vier Blättern gibt es nur selten. Sie bringen Glück.

4. Schreibt kleine Texte zu den Bildern vor. Lasst die Rechtschreibung prüfen. Schreibt die Texte ordentlich, in passender Größe und mit einem dunklen Stift zu den Bildern.

5. Hängt euer Plakat auf oder stellt es vor.

Glossar: Begriffe

Adventssonntag: Die Wochen vor Weihnachten werden auch Adventszeit genannt. Die Adventszeit hat vier Sonntage. Der vierte Adventssonntag ist spätestens am 24. Dezember, also an Heiligabend. An jedem Adventssonntag zünden Christinnen und Christen eine Kerze an. Viele Familien haben einen Adventskranz aus Tannenzweigen. Das Kerzenlicht ist ein Zeichen für Jesus.

Allah: Allah ist das arabische Wort für Gott. Im Islam gibt es 99 Namen für Gott.

Altar: In vielen Religionen gibt es in Gotteshäusern einen Altar. In einer christlichen Kirche ist ein Altar ein besonderer Tisch. Darauf liegen die Bibel, ein Kreuz oder auch andere Gegenstände für den Gottesdienst.

Barbarazweige: Am 4. Dezember ist der Tag der Heiligen Barbara. An diesem Tag schneiden manche Christinnen und Christen Kirschbaumzweige ab und stellen sie in eine Vase. Durch die Wärme im Zimmer treiben die Knospen auf und um Weihnachten kommen daraus die Blüten. Diese Barbarazweige stehen für die Geburt von Jesus und sollen ein gutes Zeichen für die Zukunft sein. Die Heilige Barbara war eine Christin, sie glaubte fest an Gott.

Bibel: Die Bibel ist die Heilige Schrift des Christentums. Sie besteht aus zwei Teilen: Das Alte Testament erzählt Geschichten von Gott. Im Neuen Testament stehen Geschichten von Jesus und seinen Anhängerinnen und Anhängern.

Bräuche: Bräuche sind bestimmte Handlungen von Menschen. Sie gehören oft zu einer Gemeinschaft oder Religion. So gibt es unterschiedliche Bräuche im Judentum, im Christentum und im Islam. Jeder Brauch findet zu einem bestimmten Zeitpunkt statt und wiederholt sich in festgelegten Abständen. Zum Beispiel werden Eier nur an Ostern bunt bemalt.

Christbaum: Der Christbaum ist ein Nadelbaum, zum Beispiel eine Tanne. Er wird zur Weihnachtszeit in der Wohnung aufgestellt und mit Kugeln und Kerzen als Christbaum geschmückt. Kinder basteln auch gerne Anhänger für den Weihnachtsbaum. Der Christbaum steht für Lebenskraft.

Christentum: Das Christentum ist die Religion der **Christinnen und Christen**. Christliche Menschen glauben an Gott und Jesus Christus.

Devas: Deva kommt aus einer alten indischen Sprache und bedeutet „strahlend“ oder „leuchtend“. Devas sind Engelswesen oder Götter in der Religion Hinduismus. Es gibt dort zum Beispiel einen Gott des Windes, des Feuers oder des Wassers.

Dialog: Wenn zwei oder mehrere Menschen miteinander sprechen, ist das ein Dialog.

digitale Medien: Unter „Medien“ verstehen wir Vermittler von Inhalten. Beispiele sind Sprache, Bücher und Zeitschriften. Elektronische Medien werden auch digitale Medien genannt. Dazu gehören z. B. das Internet, E-Books, Lernprogramme auf dem Tablet oder Mobiltelefone. Wir nutzen sie über einen Bildschirm und sie benötigen Strom.

Eigenschaft: Eine Eigenschaft bezeichnet etwas, das einer Person oder einem Gegenstand zugeordnet wird. Die Eigenschaft eines Balls ist zum Beispiel, dass er rund ist.

Fähigkeit: Eine Fähigkeit ist eine geistige oder körperliche Voraussetzung, die ein Mensch haben kann. Zum Beispiel: Lisa kann gut Fußball spielen und Aaron kann gut rechnen.

geborgen/Geborgenheit: Das Wort Geborgenheit beschreibt ein Gefühl von Schutz, Sicherheit und Nähe.

Gemeinschaft: Eine Gemeinschaft ist eine Gruppe von Menschen, die mindestens eine Sache gemeinsam haben.

Gott: Ein Gott ist ein höheres oder besonderes Wesen, das über den Menschen und der Natur steht. Es lässt sich nicht beweisen, dass es einen Gott oder Götter gibt, aber viele Menschen glauben daran.

Glossar: Begriffe

Gottesdienst: Ein Gottesdienst ist eine Feier, bei der die gläubigen Anhänger einer Religion zusammenkommen und an Gott denken. Oft treffen sie sich zum Beten, Singen und Lesen aus ihrer besonderen oder Heiligen Schrift in ihrem Gottes- oder Versammlungshaus. Christinnen und Christen feiern ihre Gottesdienste meistens am Sonntag oder zu bestimmten Feiertagen. Viele Musliminnen und Muslime gehen freitags in die Moschee zum Beten und an Feiertagen. Jüdinnen und Juden feiern ihren Gottesdienst vor allem am Schabbat und an den Feiertagen in der Synagoge.

Häuser verschiedener Religionen: Religiöse Häuser sind besondere Gebäude. Die Anhänger einer Religion kommen dort zusammen.
Eine **Kirche** ist ein christliches Gotteshaus. Christinnen und Christen feiern dort Gottesdienste und beten zu Gott. Eine **Moschee** ist ein islamisches Gebets- und Versammlungshaus. Eine **Synagoge** ist ein jüdisches Gotteshaus. Ein **Tempel** ist ein besonderes Haus im Hinduismus und Buddhismus.

Heiligabend: Der Heilige Abend ist am 24. Dezember. Christinnen und Christen feiern an diesem Datum die Geburt von Jesus Christus vor über 2000 Jahren. Sie verbringen mit ihren Familien einen festlichen Abend und machen sich gegenseitig Geschenke. Weihnachten feiern sie auch noch am 25. und 26. Dezember.

Hinduismus: Der Hinduismus ist eine Religion. Hinduistinnen und Hindus nennen wir Menschen, die dieser Religion angehören. Hinduistische Menschen glauben an viele Götter, die Devas.

Islam: Die Religion der **Musliminnen und Muslime** heißt Islam. Sie glauben an einen Gott. Gott heißt auf Arabisch Allah.

Jesus Christus: Jesus war ein Mann, der vor über 2000 Jahren in Israel lebte. Er erzählte den Menschen von Gott. Es gibt viele Geschichten über ihn. Seine Anhängerinnen und Anhänger glaubten, dass er Gottes Sohn ist. Dieser Glaube gehört auch heute noch zum Christentum.
Deshalb nennen Christinnen und Christen ihn Jesus Christus. Christus bedeutet „der Gesalbte“. Besondere Menschen wurden früher mit Öl zum König gesalbt.

Judentum: Das Judentum ist die Religion der **Jüdinnen und Juden.** Sie glauben nur an einen Gott. Es gibt viele Namen für Gott. Das Judentum ist mehr als 3 000 Jahre alt. Jüdische Menschen sind nicht nur eine Religionsgemeinschaft, sondern auch ein Volk. Die Heilige Schrift der jüdischen Menschen heißt Tanach.

Konflikt: Ein Konflikt ist ein Streit oder eine Auseinandersetzung zwischen Menschen.

Koran: Der Koran ist das gesegnete Buch des Islam. Darin stehen Geschichten über Propheten, Glaubensinhalte und Regeln, wie Musliminnen und Muslime sich verhalten und wie sie leben sollen. Der Koran ist in arabischer Sprache geschrieben. Der wichtige Prophet Muhammad lebte in Arabien.
Im Koran wird Gott mit Allah und weiteren Namen bezeichnet. Diese Namen helfen den Menschen, sich vorzustellen, wie Gott sein kann.

Pantomime: Bei einer Pantomime wird etwas nur mit dem Körper dargestellt. Dabei helfen Bewegungen und der Gesichtsausdruck. Sprechen ist nicht erlaubt.

recherchieren: Das Fachwort für das Suchen von Informationen zu einem bestimmten Thema heißt „Recherchieren". Dazu gehört auch die Suche im Internet.

Rechte: Alle Menschen haben Rechte. Rechte beschreiben, was richtig und erlaubt ist und was für alle gelten soll. Die wichtigsten Rechte stehen in Gesetzen. Das sind Vorschriften, die meistens für ein ganzes Land gelten, also für alle Menschen dort.

Respekt: Respekt ist die Achtung vor anderen Menschen. Respekt zeigst du, wenn du dich zum Beispiel höflich und freundlich verhältst.

Glossar: Begriffe

Rituale: Ein Ritual ist etwas, was du nach vorgegebenen Regeln tust. Es läuft immer gleich ab. Das kann zum Beispiel dein Tagesablauf sein. Du kannst dich dabei auf immer wiederkehrende Dinge freuen oder verlassen. Ein Ritual kann auch eine Begrüßung oder Verabschiedung mit immer den gleichen Worten und Bewegungen sein. Es gibt auch religiöse Rituale in einem Gotteshaus, zum Beispiel bei Hochzeiten oder Beerdigungen.

Shruti: Shruti sind die wichtigsten Schriften im Hinduismus. Sie enthalten die Botschaften der Götter. Shruti bedeutet „das Gesagte“ oder „das Gehörte“. Denn früher wurden die Botschaften der Götter weitererzählt, bis sie dann später aufgeschrieben wurden.

Smartphone: Das Wort Smartphone kommt aus dem Englischen und bedeutet „schlaues Telefon“. Smartphones sind kleine Computer mit verschiedenen Programmen („Apps“ = Anwendungen) darauf. Du kannst mit einem Smartphone zum Beispiel telefonieren, im Internet surfen, Musik hören oder Spiele spielen.

Tora: Die ersten fünf Bücher der hebräischen Bibel heißen Tora. Es sind die fünf Bücher Mose, die du auch in der christlichen Bibel findest. Darin kannst du viel über die Geschichte des Judentums nachlesen. Die hebräische Bibel ist die Heilige Schrift im Judentum. Sie besteht aus mehreren Teilen und wird auch Tanach genannt. In der hebräischen Bibel stehen wichtige Geschichten, aber auch Gebote und Verbote.

Übersetzungen zu Seite 38:

Schukran! شكرا Arabisch	Danke!
Merßie! Französisch	Danke!
Affederßinis! Türkisch	Entschuldigung!
Tafadhali! Suaheli (Kenia)	Bitte!
Tack! Dänisch	Danke!
Mamnun! ممنون Persisch (Farsi – Afghanistan)	Ich bin dankbar!
Prosche! Polnisch	Bitte!
Spassiba! Russisch	Vielen Dank!

Quellennachweis

Abbildungen

Alamy stock photo, Abingdon (Universal Images Group North America LLC), **77.4**; Ernst Klett Verlag GmbH, Stuttgart, **27.2**; Fotosatz_Buck, Kumhausen/Hachelstuhl, **78.4**; Getty Images Plus, München (DigitalVision / Flashpop), **67.2**; Getty Images Plus, München (DigitalVision / Frank Rothe), **56.2**; Getty Images Plus, München (DigitalVision / Image Source), **74.3**; Getty Images Plus, München (DigitalVision / Jose Luis Pelaez Inc), **74.1**; Getty Images Plus, München (DigitalVision / Marko Geber), **22.4**; Getty Images Plus, München (DigitalVision / Miguel Navarro), **56.1**; Getty Images Plus, München (DigitalVision / Morsa Images), **67.1**; Getty Images Plus, München (DigitalVision / Paul Souders), **62.3**; Getty Images Plus, München (DigitalVision / Visage), **78.7**; Getty Images Plus, München (E+ / blackCAT), **51.1**; Getty Images Plus, München (E+ / fmajor), **56.4**; Getty Images Plus, München (E+ / HappyKids), **20.1**; Getty Images Plus, München (E+ / ilkermetinkursova), **21.1**; Getty Images Plus, München (E+ / milanvirijevic), **51.3**; Getty Images Plus, München (E+ / onurdongel), **78.1**; Getty Images Plus, München (E+ / PeopleImages), **33.6**; Getty Images Plus, München (E+ / SDI Productions), **6.2; 22.3**; Getty Images Plus, München (E+ / shapecharge), **8.4; 51.2**; Getty Images Plus, München (E+ / skynesher), **44.1**; Getty Images Plus, München (E+ / SolStock), **30.4**; Getty Images Plus, München (E+ / tovfla), **85.1**; Getty Images Plus, München (E+/borchee), **6.6; 57.3**; Getty Images Plus, München (iStock / blackdovfx), **33.5**; Getty Images Plus, München (iStock / FatCamera), **20.4**; Getty Images Plus, München (iStock / FilippoBacci), **33.3**; Getty Images Plus, München (iStock / Gabriele Grassl), **77.1**; Getty Images Plus, München (iStock / Iefym Turkin), **13.2; 13.3; 13.4; 13.5; 13.6; 13.7; 13.8; 13.9**; Getty Images Plus, München (iStock / insta_photos), **20.3**; Getty Images Plus, München (iStock / kali9), **8.3**; Getty Images Plus, München (iStock / pum_eva), **57.4**; Getty Images Plus, München (iStock / Stefan Rotter), **62.1**; Getty Images Plus, München (iStock / Studio-Annika), **80.2**; Getty Images Plus, München (iStock / tomertu), **80.1**; Getty Images Plus, München (iStock / USO), **62.2**; Getty Images Plus, München (iStock / zdravinjo), **74.5**; Getty Images Plus, München (iStock/KarelGallas), **63.2**; Getty Images Plus, München (Knaupe), **76.1**; Getty Images Plus, München (Photodisc / Jeff Mauritzen), **57.1**; Getty Images Plus, München (Ridofranz/iStock), **6.3; 30.1**; Getty Images Plus, München (The Image Bank / Gerard Soury), **62.4**; Getty Images Plus, München (The Image Bank / Kevin Schafer), **64.1**; Getty Images Plus, München (The Image Bank / Ted Levine), **56.3**; Getty Images Plus, München (tovfla/E+), **78.6**; Getty Images, München (oment / Mayur Kakade), **75.4**; imago images, Berlin (Bernd Friedel), **35.1**; iStockphoto, Calgary, Alberta (iStock / VikramRaghuvanshi), **21.4**; iStockphoto, Calgary, Alberta (shironosov), **33.1**; Kerbusch, Katrin, Dresden, **24.1; 24.2; 24.3; 24.4; 25.1; 25.2; 25.3; 25.4**; Kranenberg, Hendrik, Drolshagen, **3.3; 6.5; 8.5; 9.1; 9.2; 11.1; 16.1; 16.2; 16.3; 16.4; 16.5; 16.6; 16.7; 16.8; 16.9; 17.1; 18.1; 18.2; 18.3; 18.4; 29.2; 31.2; 36.1; 36.2; 37.1; 37.2; 42.1; 42.2; 42.3; 42.4; 43.1; 43.2; 43.3; 43.4; 45.1; 45.2; 45.3; 45.4; 46.1; 46.2; 46.3; 46.4; 47.1; 47.2; 49.1; 50.1; 52.1; 52.2; 52.3; 52.4; 54.1; 54.2; 54.3; 55.1; 55.2; 55.3; 55.4; 59.1; 59.2; 59.3; 60.1; 60.2; 60.3; 69.1; 69.2; 69.3; 69.4; 70.1; 70.2; 71.1; 72.1; 83.1; 83.2; 83.3; 83.4; 86.2; 86.3; 86.4; 87.1; 87.1; 87.2; 89.1; 89.2; 89.3; 89.4**; Ohlms, Ute, Braunschweig, **6.1; 7.1; 12.2; 14.2; 14.3; 14.4; 14.5; 14.6; 15.1; 15.2; 15.3; 15.4; 15.5; 15.6; 19.1; 22.1; 22.2; 23.1; 23.2; 26.1; 26.2; 26.3; 26.4; 26.5; 27.1; 29.1; 32.1; 32.2; 32.3; 32.4; 38.1; 39.1; 40.1; 61.1; 61.4; 61.5; 61.6; 66.1; 66.6; 66.8; 66.12; 82.1; 82.1**; Oser, Liliane, Hamburg, **28.1; 48.1**; Pahl, Simone, Berlin, **65.1**; ShutterStock.com RF, New York (Aisylu Ahmadieva), **6.4; 75.2**; ShutterStock.com RF, New York (duckeesue), **73.4**; ShutterStock.com RF, New York (EAZN), **75.3**; ShutterStock.com RF, New York (gerd-harder), **76.3**; ShutterStock.com RF, New York (Sofy), **33.4**; ShutterStock.com RF, New York (Traveller70), **76.4**; ShutterStock.com RF, New York (VCoscaron), **78.5**; ShutterStock.com RF, New York (Yuganov Konstantin), **78.2**; stock.adobe.com, Dublin (annanahabed), **75.1**; stock.adobe.com, Dublin (beats_), **84.2**; stock.adobe.com, Dublin (brudertack69), **76.2**; stock.adobe.com, Dublin (chomplearn_2001), **67.3**; stock.adobe.com, Dublin (contadora1999), **73.1**; stock.adobe.com, Dublin (Countrypixel), **84.1**; stock.adobe.com, Dublin (damedias), **65.2**; stock.adobe.com, Dublin (Daniel Prudek), **58.1**; stock.adobe.com, Dublin (GJS), **63.3**; stock.adobe.com, Dublin (Gorodenkoff), **51.4**; stock.adobe.com, Dublin (harshvardhan), **85.2**; stock.adobe.com, Dublin (hetwig), **73.2**; stock.adobe.com, Dublin (JackF), **8.1**; stock.adobe.com, Dublin (janossygergely), **65.3**; stock.adobe.com, Dublin (kaganskaya115), **74.2**; stock.adobe.com, Dublin (Kathleen Rekowski), **68.1**; stock.adobe.com, Dublin (kornnphoto), **67.4**; stock.adobe.com, Dublin (Kotarl), **80.3**; stock.adobe.com, Dublin (Laugesen), **74.4**; stock.adobe.com, Dublin (Leah-Anne Thompson), **21.3**; stock.adobe.com, Dublin (Marina Lohrbach), **78.3**; stock.adobe.com, Dublin (Nitr), **58.2**; stock.adobe.com, Dublin (photophonie), **30.3**; stock.adobe.com, Dublin (qrrr), **77.3**; stock.adobe.com, Dublin (Racle Fotodesign), **78.8**; stock.adobe.com, Dublin (Robert Kneschke), **U1.2**; stock.adobe.com, Dublin (Ronny Gängler), **63.4**; stock.adobe.com, Dublin (Schlierner), **78.9**; stock.adobe.com, Dublin (Sergey Novikov), **12.1**; stock.adobe.com, Dublin (snezana korenj/EyeEm), **73.3**; stock.adobe.com, Dublin (studio GDB), **78.10**; stock.adobe.com, Dublin (StudioDin), **77.2**; stock.adobe.com, Dublin (stylefoto24), **63.1**; stock.adobe.com, Dublin (S.H.exclusiv), **78.11**; stock.adobe.com, Dublin (visivasnc), **33.2**; stock.adobe.com, Dublin (Volha), **57.2**; stock.adobe.com, Dublin (Yuriy Mazur), **88.1**; stock.adobe.com, Dublin (.shock), **30.2**; Thinkstock, München (Bananastock), **80.4**; Thinkstock, München (Hemera), **21.2**; Thinkstock, München (Photodisc), **8.2**; Thinkstock, München (Photos.com / jupiterimages), **20.2**; Thinkstock, München (Wavebreak Media), **34.1**

Texte

9 Bernhard-von Luttitz, Marieluise: Nina, das kleingroße Mädchen. Loewes Verlag, Bayreuth 1967; **10** Axel Scheffler (Autor), Jon Blake (Autor), Salah Naoura (Übersetzung): He Duda. Beltz & Gelberg, Weinheim 2002; **28** S. Fischer Verlage, angelehnt an Klappentext zum Kinderbuch: Jeanne Willis & Tony Ross: Kopf hoch, Fledermaus! Verlag Fischer Sauerländer, 2008, unter: https://www.fischerverlage.de/buch/jeanne-willis-kopf-hoch-fledermaus-9783737360593 (letzter Zugriff: 23.08.21); **34** Gerda Anger-Schmidt: Gedanken über die lieben Eltern und die liebe Not. Aus: Hans-Joachim Gelberg (Hrsg.): Was für ein Glück. Beltz Verlag, Weinheim. Programm Beltz & Gelberg, Weinheim und Basel 1993; **68** Michael Ende: Das Schnurpsenbuch, Thienemann, Stuttgart 1979, S. 22; **88** Hans und Monique Hagen: Sterne. Aus: Wie sehr ich dich mag. Oetinger, Hamburg, 2001